EL EJÉRCITO DEL SIGLO 21

Una Iglesia Armada para la Guerra Espiritual Moderna

Diego Colon Batiz

Prologo Dr Yattenciy Bonilla

ISBN: 979-8-9933302-0-4
Library of Congress Control Number: 2025921312

Publicadora: Diego Colon Ministries’.
Teléfono: 407-900-1995
Email: pastor.diegocolon@gmail.com
Orlando, Florida, EE. UU

Diseños: Diego Colón

Dedicatoria

A **Dios**, quien me rescató del abismo, me llamó con propósito eterno y me sostuvo cuando mi fuerza se agotaba. A Ti sea toda la gloria, porque sin Tu misericordia, yo no estaría aquí ni tendría nada que escribir.

A mi amada esposa **Viviana**, por tu amor incondicional, tu apoyo silencioso y tus palabras de ánimo en las noches más oscuras. Tu fidelidad ha sido un reflejo del amor de Cristo en mi vida, y cada página de este libro lleva impresa tu presencia.

Y a mis hijos: **Loudiely, Manasseh, Emmanuel y Luis**, mi inspiración diaria. Ustedes son el legado que quiero dejar, la razón por la que lucho por ser coherente, y el testimonio vivo de que Dios sigue escribiendo historias redentoras a través de nuestra familia.

Con todo mi amor y gratitud.

Prologo

Esta obra escrita por el obispo Diego me ha sorprendido gratamente, es una exégesis y hermenéutica contextual. Hace un comentario pertinente sobre la guerra espiritual desde textos bíblicos destacados respecto al tema, como Efesios 6:10-20 sobre la armadura del creyente. Esta obra tiene como aporte medular la contextualización de las armas espirituales del creyente, haciendo una comparación con el armamento militar o de guerra en el siglo XXI. En otras palabras, presenta una descripción detallada de las armas que el apóstol Pablo resalta en sus cartas y las renueva ilustrativamente con las armas modernas.

Lo interesante de esta gran obra es que también describe otros desafíos de la guerra espiritual considerando las armas militares modernas. El obispo Diego tuvo la capacidad de discernir nuevos ataques del enemigo al hombre contemporáneo; de la misma manera en cómo se renueva el armamento, así el enemigo se renueva planteando nuevas formas de guerra espiritual, como: los desafíos del ateísmo, las nuevas ideologías que atentan a la fe, el materialismo, la incredulidad, la falta de esperanza, etc.

Un aporte inédito es la exégesis explicativa y expositiva que hace del armamento espiritual del cristiano en Efesios con el armamento de hoy, analizando y profundizando en los valores del creyente, como: la fe, la salvación y el evangelio. La revisión de cada arma espiritual está muy bien trabajada, manejando recursos de investigación y sobre toda la habilidad para interpretar y aplicar temas como el anuncio del reino, fidelidad y esperanza al contexto actual. Lo más sorprendente es entender el primer sentido del sentido y contextualizarlo a la realidad contemporánea.

Es una obra detallada que enfrenta cada aspecto de la realidad moderna con la riqueza bíblica; anima al creyente a vivir una nueva guerra espiritual mucho más fuerte, desde las armas contemporáneas, ante desafíos actuales y agresivos.
Esta obra es un grito de esperanza ante la incertidumbre y testimonio cristiano, debido a los desafíos violentos del enemigo, que también se ha modernizado para atacar la palabra de vida y el mensaje de Cristo. El escrito tiene que ser leído, estudiado y asimilado para responder a propuestas desafiantes, a nuestra fe y contexto eclesial.

Gracias obispo por este aporte creativo y de fe, que prepara a la iglesia en un nuevo concepto de guerra espiritual. El cristiano no debe quedarse desactualizado en un armamento antiguo y con un ataque demoniaco caduco, puesto que el enemigo se ha modernizado y nuestra armadura también debe ser modernizada. Animo a los lectores a adquirir esta obra.

Yattenciy Bonilla

Prefacio

Este libro no nace desde una teoría, sino desde una convicción forjada en terreno real. Mientras muchos piensan en la guerra espiritual como una metáfora, hay quienes hemos caminado por instalaciones donde los ejercicios no eran juegos, sino preparación para una posible invasión. Entre 1985 y 1987, serví en Berlín Occidental, en el corazón dividido de Europa. Estábamos en un puesto adelantado del ejército de los Estados Unidos, en plena Guerra Fría, cuando aún se escuchaban ecos reales de enfrentamientos ideológicos y militares.

Las barracas McNair, donde estaban destacadas las unidades de infantería, no eran simples alojamientos: eran estructuras interconectadas por pasillos aéreos y túneles subterráneos. Los cuartos de armamento estaban en los sótanos, listos para un despliegue inmediato. Se construyeron a propósito en el sur de Berlín, justo junto al canal Teltow, que marcaba la línea divisoria con el sector soviético. Era una ubicación estratégica, pero también peligrosa: sabíamos que si estallaba un conflicto, seríamos los primeros en responder... y probablemente los primeros en caer.

Esa realidad era parte de nuestra vida diaria. La mayoría de nosotros sabíamos que, en caso de guerra, la expectativa de vida se medía en **minutos**, no en horas. Los refuerzos más cercanos estaban a casi seis horas de distancia. Y aunque nunca vimos batalla directa, **vivíamos bajo una tensión constante**. Cada día podía ser el último. Recuerdo cómo se sentía el ambiente después del atentado en el club de berlineses o durante las escaladas internacionales con el régimen de Gadafi. No eran solo noticias para nosotros: eran detonantes reales que activaban los niveles de alerta, los simulacros sorpresa, y nos hacían dormir con la ropa de combate lista. Aun así, servíamos con honor. No por adrenalina ni por ambición, sino porque entendíamos el valor de lo que defendíamos.

Otro factor poco conocido fuera del ámbito militar era la prisión de Spandau, ubicada en Berlín Occidental, donde se retenía a criminales de guerra nazis. Por acuerdo de la Segunda Guerra Mundial, la vigilancia de la prisión rotaba cada dos semanas entre las cuatro potencias aliadas: Estados Unidos, Reino Unido, Francia y la Unión Soviética. A pesar de la separación política durante la Guerra Fría, **ese acuerdo nunca fue cancelado**, lo que otorgaba a los soviéticos el derecho legal de entrar a Berlín Occidental para realizar "inspecciones". Sin embargo, era sabido que estas visitas eran utilizadas por la **KGB para infiltrar agentes bajo la cobertura de inspectores oficiales**, con el fin de espiar instalaciones, analizar movimientos y recopilar inteligencia. Además, se asumía con certeza que **cada llamada telefónica hecha desde Berlín era interceptada por los soviéticos**, lo cual limitaba no solo la frecuencia con que podíamos comunicarnos con nuestras familias, sino también el tiempo y el contenido de nuestras conversaciones. Vivíamos vigilados, incluso cuando hablábamos de cosas aparentemente inofensivas.

Doughboy City, nuestro campo de entrenamiento MOUT (Military Operations on Urbanized Terrain), era único en su clase. No existía otra instalación de su tamaño y complejidad fuera de Fort Benning. Era una ciudad simulada, con edificios de varios pisos, rutas de escape, sótanos y callejones, donde entrenábamos día y noche. Tropas de toda Europa, e incluso reservistas de Estados Unidos, venían a entrenar con nosotros, reconociendo que las unidades en Berlín eran expertas en combate urbano. Y no era por orgullo, sino por necesidad. El entrenamiento no era teórico: era realista. Y cada ejercicio podía convertirse en una operación real sin previo aviso.

Formar parte de la unidad de Rapid Deployment significaba estar de guardia toda la semana, sin salir de la base, con ejercicios de alerta a cualquier hora. En minutos teníamos que estar listos para movilizarnos a cualquier punto de Berlín. También patrullábamos el Muro de Berlín, custodiábamos la prisión de Spandau, y participábamos en entrenamientos conjuntos con fuerzas especiales de la OTAN, incluyendo los Red Berets británicos y los comandos franceses. Vimos cómo el equipo evolucionaba, cómo cambiaban los protocolos, cómo se adaptaban las tácticas.

Estábamos justo en la transición entre dos generaciones de guerra: vi con mis propios ojos cómo el ejército cambiaba de Jeeps a Humvees, de Bazookas al misil Dragon, de cascos de hierro a cascos de Kevlar. Los helicópteros Huey fueron reemplazados por los Blackhawks. Los viejos vehículos APV dieron paso a los Bradley Fighting Vehicles. Las ametralladoras M60 comenzaron a ser reemplazadas por las M249 SAW. Usábamos por primera vez miras de visión nocturna, radios más compactos, y comenzaban a implementarse sistemas de microondas para comunicaciones tácticas. Todo esto cambió la forma de operar, de movernos, de responder. Vi lo viejo y lo nuevo mezclarse, y fui testigo de cómo la tecnología forzaba un cambio en la estrategia militar. Y aprendí algo: todo ejército que no evoluciona, se vuelve vulnerable."

Menciono esto no para que el lector piense que este libro es sobre mí, sino para que comprenda desde dónde nace mi enfoque. La vida cristiana no es una caminata sin resistencia; es una guerra declarada. El soldado espiritual no se entrena por rutina, sino por supervivencia. Y así como entendimos que cada rincón de Doughboy City podía volverse real en un instante, así también el creyente debe entender que cada batalla espiritual puede definirse en minutos… y que es mejor estar preparado antes que lamentarse después.

Cristo viene. Pero mientras llega, la iglesia debe estar lista para combatir y avanzar.

Introducción General

La vida cristiana no es una excursión turística ni un pasatiempo religioso. Desde el momento en que nacemos de nuevo, somos enlistados en el ejército espiritual del Reino de Dios. No se trata simplemente de pertenecer a una iglesia, sino de asumir un llamado de guerra contra fuerzas invisibles que buscan destruir lo que Dios ha establecido. Cada creyente tiene una posición, un rol y un propósito dentro de esta batalla continua. El objetivo de este libro es despertar esa identidad militar espiritual en cada lector.

A lo largo de la historia, la imagen del creyente como soldado ha sido constante en las Escrituras. Sin embargo, el mundo moderno ha visto cambios radicales en las formas de guerra, las herramientas de combate y las estrategias militares. Estos cambios tienen paralelos espirituales que la iglesia no puede ignorar si desea ser efectiva en esta generación. La iglesia del siglo 21 no puede operar como en los días pasados, ignorando las realidades actuales. Este libro presenta la necesidad urgente de ser un ejército espiritual adaptado, sin perder su esencia eterna.

El creyente del siglo 21 debe estar equipado con las armas tradicionales de la fe, pero también con las herramientas y tácticas adecuadas para un mundo que cambia rápidamente. La armadura de Dios sigue siendo vigente, pero el terreno de batalla ha evolucionado. Hoy enfrentamos guerras culturales, ideológicas, digitales y espirituales que exigen precisión, discernimiento y estrategia. La iglesia debe ser como un ejército moderno: móvil, interconectado, resistente y profundamente arraigado en su misión. Esta obra busca preparar al creyente para luchar y vencer en este contexto.

Basado en principios bíblicos y reforzado por experiencias reales en el campo militar físico, este libro estructura la formación del soldado espiritual moderno de manera progresiva. No basta con saber que estamos en guerra; debemos conocer nuestras armas, entender nuestras herramientas avanzadas, dominar nuestras estrategias y aplicar nuestras tácticas en unidad de combate. Cada sección del libro refleja esta progresión deliberada, formando un manual práctico y espiritual. Cada creyente está llamado no solo a resistir ataques, sino a conquistar y transformar territorios. La formación integral del soldado espiritual es más urgente hoy que nunca.

El contenido se divide en cinco partes estratégicas, cada una enfocada en un aspecto clave de nuestra formación y operación espiritual. Primero, estableceremos la comprensión del llamado y la estructura moderna del ejército espiritual. Luego, exploraremos las armas esenciales del creyente, las herramientas avanzadas disponibles hoy, y las estrategias generales de combate. Finalmente, abordaremos las tácticas específicas para operar como grupos de combate espiritual en misiones coordinadas. Cada capítulo está diseñado para ser una etapa de entrenamiento y equipamiento.

Este libro no es teórico ni meramente inspiracional; es un llamado urgente a la acción y a la preparación. Cada creyente debe verse a sí mismo como parte activa de un movimiento de guerra espiritual global. No somos espectadores de los acontecimientos del mundo; somos soldados llamados a impactar y transformar generaciones. La pasividad espiritual no tiene cabida en el ejército de Cristo. Nuestro compromiso, disciplina y obediencia son esenciales para la victoria.

A medida que recorras estas páginas, prepárate para ser desafiado, confrontado y animado a asumir tu posición. No peleamos por nuestras fuerzas, sino en el poder de Aquel que ya venció en la cruz. No estamos solos: somos parte de un cuerpo, un ejército, una familia en armas. Este es el tiempo de alistarse con decisión, de entrenarse con pasión y de pelear con convicción. Bienvenido al entrenamiento para el ejército del siglo 21.

Tabla de Contenido

Parte 1
El Llamado y la Nueva Realidad de la Guerra Espiritual

Capítulo 1
El Llamado Eterno a la Guerra Espiritual

2 Timoteo 2:3-4

"tú, pues, sufre penalidades como buen soldado de Jesucristo. Ninguno que milita se enreda en los negocios de la vida, a fin de agradar a aquel que lo tomó por soldado."

Introducción del Capítulo 1

Desde el principio de la revelación bíblica, Dios se presenta como un Dios de guerra justa, peleando por Su pueblo. A lo largo de toda la historia redentora, el pueblo de Dios ha sido llamado no solo a creer, sino también a luchar. No se trata de una lucha física contra seres humanos, sino de una batalla espiritual contra enemigos invisibles pero mortales. La vida cristiana, correctamente entendida, no puede separarse del concepto de conflicto espiritual. Cada creyente ha sido convocado a formar parte activa en esta guerra eterna.

Aceptar a Cristo como Salvador es, simultáneamente, recibir un llamado al campo de batalla espiritual. No es un compromiso opcional ni un nivel avanzado de fe; es parte integral de la identidad cristiana desde el primer momento. Muchos son derrotados en su caminar espiritual porque desconocen esta verdad fundamental. No entender que estamos en guerra es como un soldado caminando por un campo de batalla pensando que está en un parque. Este capítulo busca corregir esa percepción errónea y despertar el sentido de urgencia en nuestras almas.

El apóstol Pablo, escribiendo a Timoteo, no suavizó el lenguaje cuando habló de ser un soldado de Jesucristo. Usó términos duros como "sufrir penalidades" y "militar", sabiendo que seguir a Cristo no era un viaje cómodo. Hoy, más que nunca, necesitamos recuperar esta visión seria y sacrificial de nuestro llamado. Ser un soldado implica renuncia, disciplina, y un enfoque decidido hacia el objetivo eterno. Cada uno de nosotros debe preguntarse si realmente hemos abrazado este aspecto de nuestro llamado.

La guerra espiritual no es simbólica, es real, y sus efectos se sienten en nuestras emociones, decisiones, relaciones y en todo nuestro entorno. No enfrentamos solamente tentaciones individuales, sino sistemas enteros de maldad que buscan suprimir la verdad de Dios. El enemigo de nuestras almas opera con astucia, persistencia y violencia espiritual. Ignorar esta realidad es exponerse a ser víctima en vez de ser victorioso. La iglesia del siglo 21 necesita soldados espirituales despiertos, no soñadores espirituales distraídos.

Parte del llamado a ser soldados incluye la instrucción explícita de no enredarse en los negocios de la vida civil. No significa que no trabajemos o tengamos responsabilidades humanas, sino que nuestra prioridad suprema debe ser agradar a nuestro Comandante, Jesucristo. Todo lo demás en la vida debe alinearse a ese llamado primordial. Nuestra fidelidad no se mide solo en actividades religiosas, sino en cuánto vivimos conscientes de nuestra misión. El soldado efectivo vive para cumplir órdenes, no para buscar su comodidad.

A lo largo de este capítulo, exploraremos primero el significado profundo de ser llamados soldados. Luego analizaremos la verdadera naturaleza de la guerra espiritual que enfrentamos. Finalmente, veremos la importancia crucial de reconocer y obedecer la autoridad de nuestro Comandante Supremo. Esta estructura no es accidental: es la progresión lógica de quien desea ser efectivo en el campo de batalla espiritual. Cada sección construirá sobre la anterior, formando una visión robusta de nuestro llamado.

Este no es un mensaje para supercristianos ni para élites espirituales: es para todo aquel que ha nacido de nuevo. Si estás en Cristo, estás en guerra, te guste o no, lo entiendas o no. Nuestra responsabilidad es prepararnos, alistarnos, y pelear bajo la bandera de la victoria de Cristo. La ignorancia no nos exime de la batalla, pero el conocimiento y la obediencia nos posicionan para la victoria. Al adentrarnos en este capítulo, prepárate para abrazar con firmeza tu identidad como soldado del Reino.

El llamado a ser soldados

Efesios 6:12

porque no tenemos lucha contra sangre y carne, sino contra principados, contra potestades, contra los gobernadores de las tinieblas de este siglo, contra huestes espirituales de maldad en las regiones celestes.

El llamado a ser soldados espirituales no es una metáfora ligera; es una realidad profunda que define nuestra existencia como creyentes. No estamos en este mundo simplemente para sobrevivir o prosperar en términos humanos. Fuimos llamados a luchar, a resistir y a avanzar contra fuerzas espirituales que operan en las sombras. Nuestra guerra no es contra personas, sistemas políticos o ideologías humanas. Nuestra verdadera batalla es contra un enemigo invisible que opera en las regiones celestes.

Pablo, al escribir a los efesios, dejó claro que nuestra lucha no era superficial ni terrenal. La raíz de los problemas en la tierra muchas veces es espiritual, y solo puede ser confrontada con armas espirituales. Esto requiere que cada creyente entienda su posición en esta guerra y asuma su responsabilidad. Ser un soldado espiritual significa reconocer que la vida cristiana es activa, no pasiva. No somos víctimas de las circunstancias, sino guerreros en un campo de batalla espiritual.

Aceptar este llamado implica una transformación en la forma en que vemos la vida diaria. Cada desafío, cada tentación, cada lucha interna o externa debe ser entendida como parte de un conflicto mayor. No podemos permitirnos ver la vida cristiana como una sucesión de eventos aleatorios. Todo está conectado en la gran batalla entre el

Reino de Dios y el reino de las tinieblas. Entender esto nos posiciona para pelear con sabiduría y propósito.

Ser soldados significa también aceptar la disciplina que conlleva la vida militar espiritual. No hay espacio para la pereza, la negligencia o la indiferencia en el corazón de un verdadero guerrero de Cristo. Somos llamados a ser vigilantes, sobrios y resistentes ante las embestidas del enemigo. El entrenamiento espiritual es continuo y exige perseverancia y humildad. Cada día es una oportunidad para fortalecer nuestra preparación para la batalla.

El llamado no es solo a luchar, sino a luchar de la manera correcta y bajo la autoridad correcta. No peleamos por impulsos emocionales, ni movidos por venganza o ira humana. Peleamos bajo las órdenes de nuestro Comandante, siguiendo las estrategias del Espíritu Santo. Esto requiere sensibilidad espiritual, obediencia y profunda dependencia de Dios. La victoria no se obtiene por fuerza humana, sino por alinearnos correctamente bajo el mando divino.

Además, el llamado a ser soldados espirituales nos recuerda que no peleamos solos. Somos parte de un cuerpo, de un ejército organizado y conectado por el Espíritu de Dios. Cada creyente tiene un rol, una posición y una función en esta guerra. No todos peleamos en el mismo frente, pero todos somos cruciales para la victoria general. La fuerza de un ejército depende de la fidelidad de cada soldado en su lugar de batalla.

Responder al llamado de ser soldados es, en última instancia, un acto de amor y lealtad a Aquel que nos salvó. No peleamos para ganar Su favor, sino porque ya hemos sido aceptados como Sus hijos. Nuestra lucha es una extensión de nuestra adoración y compromiso con Su Reino. Cada batalla librada con fe y obediencia es una ofrenda de amor al Rey de reyes. Aceptar este llamado es abrazar con gozo y valentía nuestra verdadera identidad en Cristo.

La naturaleza espiritual de la guerra

1 Timoteo 6:12

pelea la buena batalla de la fe, echa mano de la vida eterna, a la cual asimismo fuiste *llamado, habiendo hecho la buena profesión delante de muchos testigos.*

La guerra en la que estamos involucrados como creyentes no es una guerra visible ni tangible en el sentido humano. Se libra en el ámbito espiritual, donde fuerzas invisibles influyen y determinan realidades visibles. No podemos medirla con instrumentos humanos ni combatirla con métodos carnales. Es una guerra donde la fe, la verdad y la obediencia son nuestras armas principales. Entender la naturaleza espiritual de esta guerra es crucial para no luchar equivocadamente.

Pablo exhortó a Timoteo a pelear la "buena batalla de la fe", subrayando que el conflicto principal ocurre en el terreno de nuestras convicciones internas. La fe es el campo de batalla donde se decide si avanzamos o retrocedemos. Las dudas, los miedos y las tentaciones son ataques diseñados para socavar nuestra confianza en Dios. Cada pensamiento, cada decisión y cada acción es una pieza en esta batalla espiritual. No se trata solo de actos externos, sino de la fidelidad de nuestro corazón.

La guerra espiritual también es constante y no respeta temporadas de comodidad o descanso. Aunque hay momentos de refresco en el Señor, la vigilancia nunca debe cesar. El enemigo no duerme, no descansa y no se detiene en sus maquinaciones contra los santos. Ignorar esta persistencia del adversario nos expone a ataques sorpresivos y derrotas innecesarias. La buena batalla de la fe requiere una atención constante y una preparación continua.

Esta guerra no solo afecta individuos, sino también familias, iglesias, ciudades y naciones enteras. Lo que comienza como una lucha interna puede escalar hasta impactar estructuras sociales y espirituales más amplias. De ahí la necesidad de entender que nuestras victorias personales tienen repercusiones colectivas. Cuando un creyente vence en su esfera privada, fortalece al cuerpo de Cristo en su conjunto. Cada triunfo de fe suma fuerza al avance del Reino.

Peleamos no para ganar posiciones terrenales, sino para afirmar y expandir la vida eterna en nosotros y en otros. Cada batalla librada con fe tiene como objetivo preservar, proteger y expandir el legado de la vida de Cristo en la tierra. Nuestro enfoque no es temporal, sino eterno. No luchamos por coronas humanas, sino por una herencia incorruptible reservada en los cielos. Esta perspectiva eterna transforma nuestra motivación y fortalece nuestra resistencia.

Comprender la naturaleza espiritual de la guerra nos impide caer en extremos dañinos. No luchamos contra personas, gobiernos o sistemas humanos como enemigos finales. Nuestra verdadera lucha es contra el pecado, la incredulidad, el engaño y el reino de las tinieblas. Esta distinción nos guarda de pelear batallas equivocadas que desgastan nuestras fuerzas. Nos recuerda que nuestra guerra es noble, santa y dirigida por el Espíritu Santo.

Pelear la buena batalla de la fe requiere no solo coraje, sino también sabiduría y discernimiento. Cada día enfrentamos decisiones que reflejan si estamos avanzando en la guerra espiritual o retrocediendo. No estamos solos en esta lucha: el Comandante de nuestra salvación pelea a nuestro lado. Él nos fortalece, nos guía y nos equipa para cada enfrentamiento. Al entender la naturaleza espiritual de la guerra, peleamos no como quienes golpean el aire, sino como verdaderos soldados que conquistan en el nombre del Señor.

El comandante de nuestro ejército

Hebreos 2:10

porque convenía a aquel por cuya causa son todas las cosas, y por quien todas las cosas subsisten, que habiendo de llevar muchos hijos a la gloria, perfeccionase por aflicciones al autor de la salvación de ellos.

Cada ejército tiene un líder supremo que marca el curso, define la estrategia y guía a sus soldados hacia la victoria. En la guerra espiritual, nuestro Comandante no es un líder humano falible, sino Jesucristo mismo. Él es el Autor de nuestra salvación, el que perfecciona nuestra fe a través del proceso de la batalla. No seguimos a un general que dirige desde la distancia, sino a un Salvador que pelea al frente con nosotros. Su liderazgo no es solo estratégico, sino profundamente personal y relacional.

El pasaje en Hebreos describe a Jesús como el "autor" de nuestra salvación, lo que implica que Él no solo inicia, sino también guía y perfecciona nuestro caminar. Su perfección no vino sin sufrimiento; fue perfeccionado por aflicciones para ser un comandante compasivo y cercano. En nuestro combate espiritual, no seguimos a alguien que desconoce el dolor de la lucha. Seguimos a un comandante que fue tentado en todo, pero sin pecado, y que comprende nuestras debilidades. Esto nos da confianza y seguridad para obedecerle en todo.

Conocer a nuestro comandante es vital para pelear eficazmente en la guerra espiritual. No basta con saber que estamos en batalla; debemos saber quién nos dirige, cuál es Su carácter y cuáles son Sus órdenes. Jesús es un comandante justo, pero también es amoroso y paciente con sus soldados. Él no abandona a los que tropiezan, sino que los levanta y los fortalece para seguir luchando. Su voz debe ser la más alta y clara en medio del ruido del combate.

Nuestro comandante no solo ordena avanzar, sino que también suple las fuerzas necesarias para cada soldado. No peleamos en nuestras propias capacidades, sino en el poder que Él nos imparte a diario. Cada vez que nos sentimos débiles, podemos recordar que Su poder se perfecciona en nuestra debilidad. No se espera que ganemos la guerra con recursos humanos, sino con la fuerza sobrenatural que proviene de Su Espíritu. Esta dependencia no es un signo de debilidad, sino de sabiduría y verdadera fortaleza.

La obediencia al comandante es clave para la victoria espiritual. En el ejército natural, la insubordinación puede costar vidas; en el ejército espiritual, puede costar la efectividad del Reino en nosotros y a través de nosotros. Jesús no nos llama a una obediencia ciega, sino a una obediencia basada en confianza absoluta en Su amor y sabiduría. Él ve más allá de lo que nosotros vemos, y Sus caminos siempre nos llevan a la verdadera vida. No obedecemos por temor servil, sino por amor y lealtad profunda.

Reconocer a Jesús como nuestro comandante también implica rendirle toda estrategia y plan personal. No podemos avanzar en la guerra espiritual con agendas propias o ambiciones humanas. Nuestra misión es seguir Sus órdenes y confiar en Su plan maestro para nuestras vidas. Cada batalla, cada asignación, cada victoria pertenece a Él, y nosotros somos instrumentos en Sus manos. Esta entrega total nos libera de la ansiedad y nos posiciona para caminar en verdadera autoridad espiritual.

Al mirar al comandante de nuestra salvación, encontramos el modelo perfecto de cómo debemos luchar. Su vida fue una constante obediencia, una entrega total y una victoria absoluta sobre el enemigo. Al seguirle, aprendemos a pelear no solo con fuerza, sino con propósito, honor y dirección divina. Jesús no nos llama simplemente a pelear; nos llama a vencer como Él venció. Al mantener nuestros ojos en Él, marchamos hacia la victoria que ya ha sido asegurada en la cruz.

Capítulo 2
De Roma al siglo 21: La Evolución de los Modelos de Guerra

Hebreos 13:8
"Jesucristo es el mismo ayer, y hoy, y por los siglos."

Introducción del Capítulo 2

La guerra, como fenómeno humano, ha acompañado a las civilizaciones desde los albores de la historia. Cada época ha visto evolucionar sus tácticas, sus armas y sus estructuras militares según los retos de su tiempo. Lo que en el pasado se libraba con espadas y escudos, hoy se pelea con tecnología de precisión y estrategias digitales. Esta transformación no elimina la esencia de la guerra, pero sí cambia profundamente su forma y dinámica. De igual manera, la guerra espiritual exige que entendamos el tiempo en que vivimos.

Cuando Pablo escribió sobre la armadura de Dios, usó el modelo que sus contemporáneos conocían mejor: el soldado romano. El ejército romano era la fuerza militar más organizada, disciplinada y temida del mundo conocido. Cada pieza de la armadura espiritual que Pablo describió correspondía a una parte esencial del equipo del soldado romano. Esta imagen ayudó a los primeros creyentes a visualizar su rol espiritual en un lenguaje que entendían. Sin embargo, aunque el principio permanece, hoy vivimos en un contexto de guerra muy diferente.

El creyente moderno no enfrenta soldados con lanzas o arcos, sino ideas, filosofías y sistemas que se levantan contra el conocimiento de Dios. Nuestra generación batalla en escenarios digitales, en medios de comunicación, en universidades y en gobiernos globalizados. El enemigo ha adaptado sus tácticas a la cultura de la información y la conectividad instantánea. Ignorar esta evolución sería luchar con estrategias obsoletas y condenarse a la inefectividad. Debemos reconocer que la guerra espiritual hoy requiere discernimiento y adaptación estratégica.

El carácter de nuestro Comandante y la verdad de Su Palabra permanecen inmutables a través de los siglos. Sin embargo, Su sabiduría también nos enseña a actuar conforme a la realidad de nuestro tiempo. Como Jesús mismo enseñó, nadie pone vino nuevo en odres viejos, porque ambos se perderían. La iglesia de hoy necesita comprender su contexto para poder ser un ejército eficaz y relevante. No se trata de alterar la verdad, sino de presentarla con precisión a los desafíos actuales.

Así como los ejércitos modernos no usan armaduras de metal ni caballos en batalla, nosotros tampoco podemos depender de métodos anticuados para enfrentar las nuevas formas de ataque espiritual. Hoy las fortalezas son ideológicas, emocionales y culturales, no físicas. El enemigo infiltra mentes, sistemas educativos y plataformas sociales, buscando desarmar la fe desde dentro. Nuestra respuesta debe ser igualmente estratégica, inteligente y guiada por el Espíritu. Solo así podremos avanzar el Reino en un mundo cada vez más hostil a la verdad.

La evolución de la guerra nos enseña que adaptabilidad no es traición, sino supervivencia inteligente. Un ejército que se niega a evolucionar se expone a ser derrotado por fuerzas más ágiles y preparadas. El Reino de Dios prevalecerá, pero cada generación debe decidir si será protagonista o espectador en el avance de esa victoria. No basta con buenas intenciones; se requiere visión, preparación y acción dirigida. Esta es la hora de discernir los tiempos y prepararnos para pelear como soldados del siglo 21.

En este capítulo, exploraremos cómo la guerra ha cambiado y qué lecciones espirituales podemos aprender de esa evolución. Veremos cómo el modelo romano nos da principios, pero no modelos cerrados. Analizaremos cómo la iglesia debe mantenerse firme en la verdad, pero flexible en su forma de operación. La meta no es copiar al mundo, sino conquistar en el mundo con herramientas efectivas. Prepárate para ampliar tu visión de lo que significa ser un soldado espiritual en esta generación.

La armadura romana como enseñanza espiritual

Efesios 6:13

por tanto, tomad toda la armadura de dios, para que podáis resistir en el día malo, y habiendo acabado todo, estar firmes.

El apóstol Pablo, inspirado por el Espíritu Santo, utilizó la imagen del soldado romano para explicar las armas espirituales del creyente. En su tiempo, el soldado romano representaba la máxima expresión de fuerza, disciplina y eficiencia militar. Cada parte de su equipo estaba diseñada no solo para protegerlo, sino para garantizar su éxito en batalla. Pablo toma esta figura para comunicar verdades eternas de la guerra espiritual. No escogió esta comparación por casualidad, sino porque el Espíritu deseaba transmitir un mensaje práctico y profundo.

La armadura romana no era un conjunto de piezas decorativas, sino un sistema integral de defensa y ataque. El cinturón sostenía toda la armadura y era símbolo de preparación y verdad. La coraza protegía el corazón y los órganos vitales, como la justicia protege nuestra vida interior. El escudo, amplio y resistente, servía para apagar los dardos enemigos, reflejando la función de la fe en el combate espiritual. Cada elemento cumplía una función crítica y su descuido ponía en peligro la vida del soldado.

Cuando Pablo exhorta a "tomar toda la armadura de Dios", enfatiza que no podemos escoger qué partes usar. Un soldado que entra en combate sin su casco o sin su escudo es un blanco fácil para el enemigo. De la misma manera, el creyente que descuida alguna área de su vida espiritual queda vulnerable. Cada pieza —verdad, justicia, fe, salvación, palabra, oración— es indispensable para resistir en el día malo. Dios no nos ha dejado desprotegidos, pero sí exige que nos revistamos plenamente.

La instrucción de resistir "en el día malo" implica que habrá momentos de crisis, tentación o ataque inesperado. No siempre tendremos tiempo para equiparnos en medio del combate; debemos estar preparados de antemano. La armadura debe ser nuestro estado constante, no un recurso de emergencia. El creyente entrenado y armado es capaz de mantenerse firme cuando todo a su alrededor tiembla. Resistir no es simplemente soportar, sino mantenerse inamovible en la posición que Dios nos ha dado.

La imagen del soldado romano también refleja la mentalidad que debemos tener como guerreros espirituales. Un soldado romano no esperaba órdenes para ponerse su armadura; lo hacía como parte natural de su disciplina diaria. Así también, nuestra vida espiritual debe ser caracterizada por hábitos constantes de preparación y alerta. No podemos darnos el lujo de vivir espiritualmente desarmados, esperando que el peligro nos despierte. La preparación previa es la clave para la victoria segura.

Cada pieza de la armadura espiritual no solo tiene un propósito individual, sino que trabaja en conjunto. La verdad sostiene la justicia, la justicia fortalece la fe, la fe protege la salvación, y la Palabra activa todo el conjunto. Ningún aspecto de nuestra vida espiritual es independiente de los demás. Somos llamados a un caminar equilibrado y completo, donde todas las virtudes de Cristo se reflejan en nosotros. El creyente maduro no es aquel que sobresale en un área, sino el que está completamente vestido de Dios.

Meditar en la armadura del soldado romano nos lleva a reconocer la seriedad y la belleza del llamado cristiano. No somos soldados improvisados ni luchadores desorganizados; somos un ejército equipado por el mismo Dios. Cada vez que nos vestimos espiritualmente, afirmamos que pertenecemos a un Reino invencible. Nuestra armadura no es de este mundo, pero su efectividad trasciende cualquier estrategia humana. Al estudiar la figura del soldado romano, entendemos mejor cómo resistir y conquistar en la guerra espiritual que enfrentamos hoy.

La guerra moderna y sus cambios

Eclesiastés 3:1

Todo tiene su tiempo, y todo lo que se quiere debajo del cielo tiene su hora.

La historia de la humanidad revela que la guerra nunca ha sido estática, sino que ha evolucionado constantemente. Desde lanzas y escudos hasta drones y guerras cibernéticas, cada época ha traído cambios que revolucionaron el combate. El desarrollo de nuevas tecnologías, estrategias y estructuras de mando han transformado radicalmente la forma de hacer guerra. De igual manera, la iglesia debe entender que el escenario de la guerra espiritual también cambia con el tiempo. Ignorar estos cambios es condenarse a pelear batallas modernas con métodos anticuados.

Cada generación enfrenta desafíos únicos que requieren discernimiento actualizado y preparación contextual. Las fortalezas que enfrentamos hoy son ideológicas, tecnológicas, culturales y espirituales, no necesariamente militares o políticas. El enemigo ha adaptado sus métodos para confundir, entretener y neutralizar la efectividad del pueblo de Dios. Nuestra respuesta no puede ser la nostalgia por un pasado glorioso, sino el compromiso de ser efectivos en el presente. Adaptabilidad espiritual es parte esencial de la obediencia a nuestro comandante.

La Biblia enseña que "todo tiene su tiempo", incluyendo los métodos y estrategias en la expansión del Reino. El mensaje eterno permanece inmutable, pero las tácticas de avance deben evolucionar para enfrentar los retos contemporáneos. Jesús mismo cambió sus métodos dependiendo del contexto, enseñando en sinagogas, en casas, en barcas o en montañas, según la necesidad. No podemos encasillar el mover de Dios en modelos pasados y esperar resultados diferentes en el presente. La guerra moderna exige creatividad, sabiduría y obediencia continua al Espíritu Santo.

Así como los ejércitos modernos utilizan comunicaciones satelitales, inteligencia artificial y operaciones cibernéticas, la iglesia debe redimir las herramientas disponibles para el Reino. Plataformas digitales, medios de comunicación, redes sociales y conexiones globales son hoy campos de batalla espirituales. El evangelio debe ser predicado también en estos frentes modernos, alcanzando almas dondequiera que estén. Rehusar estos campos es dejar territorio en manos del enemigo sin resistencia. La iglesia que entiende los cambios puede expandirse de formas que antes eran impensables.

Sin embargo, adaptarse no significa perder identidad ni comprometer principios eternos. No cambiamos el mensaje para hacerlo aceptable; adaptamos los métodos para hacerlo accesible sin diluir su verdad. Mantener la pureza doctrinal mientras innovamos en la estrategia es el gran reto del creyente maduro. La guerra moderna demanda integridad inquebrantable combinada con una flexibilidad táctica sabia. Esta combinación refleja la mente de Cristo: firme en propósito, pero adaptable en métodos.

La resistencia a los cambios legítimos puede ser tan peligrosa como comprometer los fundamentos. Muchos soldados espirituales han quedado atrapados en modelos que alguna vez fueron efectivos, pero que ya no enfrentan los desafíos actuales. No se trata de despreciar las armas del pasado, sino de permitir que el Espíritu nos enseñe cómo usarlas en la batalla de hoy. La humildad para aprender y la disposición para evolucionar son marcas de un guerrero espiritual efectivo. Aquellos que se actualizan bajo la dirección divina siguen siendo instrumentos útiles en las manos del Señor.

Comprender los cambios de la guerra moderna nos posiciona para ser relevantes, efectivos y victoriosos en la misión que se nos ha encomendado. No podemos quedarnos atrapados en nostalgias espirituales ni en métodos caducos. Cada época requiere una iglesia que entienda su tiempo y actúe en consecuencia. Somos llamados no solo a resistir los embates del enemigo, sino a avanzar y conquistar en nuevos territorios espirituales. Al discernir los tiempos, marchamos al ritmo del Espíritu, listos para vencer en el día de hoy.

Aplicando principios eternos a nuevas batallas

2 Corintios 4:18

No mirando nosotros las cosas que se ven, sino las que no se ven; pues las cosas que se *ven son temporales, pero las que no se ven son eternas.*

A lo largo de los siglos, las formas de guerra han cambiado, pero los principios de victoria se han mantenido constantes. En el ámbito espiritual, esta realidad es aún más profunda: el terreno puede cambiar, pero la verdad de Dios permanece inalterable. Nuestro desafío es saber aplicar principios eternos en escenarios contemporáneos sin perder su esencia. No basta con repetir fórmulas antiguas; necesitamos vivir las verdades del Reino en el contexto actual. La eternidad sigue siendo nuestra referencia, incluso mientras enfrentamos batallas nuevas.

El apóstol Pablo nos recuerda que lo visible es temporal, pero lo invisible es eterno. Nuestra lucha, nuestras armas y nuestra esperanza no deben fundamentarse en lo que el mundo considera real o valioso. Aunque los escenarios culturales cambien, los fundamentos de fe, obediencia, santidad y amor no cambian. Debemos construir nuestras estrategias espirituales sobre fundamentos inamovibles. Así podremos adaptarnos a los tiempos sin ser arrastrados por ellos.

Aplicar principios eternos requiere discernimiento espiritual y profundidad en la Palabra. No basta con ser innovadores en métodos; necesitamos estar anclados firmemente en las Escrituras. Cada innovación debe ser filtrada a través de la verdad inmutable de Dios. El creyente maduro sabe distinguir entre métodos nuevos y principios eternos. Esta capacidad de discernimiento es lo que garantiza la fidelidad a Cristo en medio de un mundo cambiante.

Las nuevas batallas presentan nuevos desafíos, pero también nuevas oportunidades para manifestar el poder del Reino. Frente a ideologías corruptas, respondemos con la verdad eterna. Ante la desesperanza social, proclamamos la esperanza viva en Cristo. Cuando el individualismo extremo domina, mostramos la unidad y el amor del cuerpo de Cristo. Cada desafío moderno es una oportunidad para aplicar principios que no envejecen.

Una iglesia que entiende cómo aplicar principios eternos se convierte en un faro de luz en medio de la confusión. No se pierde en debates estériles ni en tendencias pasajeras, sino que permanece firme en su llamado. Cada estrategia, cada movimiento, cada respuesta nace del corazón de Dios, no del ingenio humano. Este tipo de iglesia impacta generaciones y transforma culturas. Es la iglesia que vence porque lucha con armas que jamás pierden su poder.

El creyente que quiere ser efectivo en el siglo 21 debe aprender a mirar más allá de lo aparente. No puede dejarse llevar por modas espirituales ni por emociones colectivas. Su vista debe estar fijada en lo que es eterno, en lo que Dios ha establecido como fundamento inamovible. Solo así podrá mantenerse firme cuando los vientos de cambio soplen con fuerza. Esta estabilidad es la marca de un soldado verdaderamente entrenado en la escuela del Espíritu.

Aplicar principios eternos a nuevas batallas no es una opción para el soldado espiritual: es una necesidad urgente. Cada generación necesita guerreros que sepan cómo mantener la pureza del evangelio en escenarios cambiantes. Somos llamados a ser fieles al mensaje, flexibles en los métodos y constantes en la misión. Así aseguramos no solo nuestra victoria personal, sino el avance continuo del Reino de Dios en la tierra. Nuestra mirada permanece fija en lo invisible, sabiendo que ahí reside nuestra verdadera fuerza.

Capítulo 3
La Estructura Moderna del Ejército Espiritual

Corintios 12:18
"Mas ahora dios ha colocado los miembros cada uno de ellos en el cuerpo, como él quiso."

Introducción del Capítulo 3

Un ejército no puede existir sin organización clara, jerarquías funcionales y roles definidos. Cada soldado tiene un lugar, una función y una responsabilidad dentro del cuerpo militar. Sin estructura, el ejército se convierte en un grupo de individuos sin dirección ni propósito efectivo. De igual manera, el ejército espiritual de Cristo está llamado a operar con orden divino y propósito estratégico. La unidad y la efectividad dependen de la comprensión de nuestra función dentro del cuerpo.

En el ámbito militar moderno, una compañía puede dividirse en pelotones, escuadras y equipos especializados, cada uno con su misión particular. Esta estructura permite flexibilidad, eficiencia y reacción rápida ante los desafíos del campo de batalla. Cada parte del cuerpo militar entiende su rol, su autoridad y su relación con el resto de la unidad. No todos son comandantes, pero todos son indispensables para la misión. Este modelo refleja el diseño del cuerpo de Cristo en la iglesia.

Dios, como el Comandante Supremo, asigna posiciones y funciones a cada creyente según Su voluntad perfecta. No elegimos nuestras funciones por preferencias personales, sino que recibimos asignaciones basadas en el plan estratégico del Reino. Algunos son llamados a liderar, otros a interceder, otros a servir en logística espiritual, y otros a tareas de avanzada. Cada rol es vital para el avance de la misión general. El éxito del ejército espiritual depende de que cada miembro acepte y abrace su lugar.

La iglesia moderna debe recuperar la visión de ser un ejército organizado y operativo, no solo una comunidad de creyentes reunidos. No se trata simplemente de asistir a servicios, sino de formar parte de una fuerza activa, movilizada y entrenada. Cada congregación local es como una compañía militar, insertada en una misión mayor a nivel global. Esta visión transforma la percepción de la vida cristiana de pasividad a propósito. Nos llama a un nivel de compromiso y responsabilidad mucho más alto.

El desorden espiritual, la falta de compromiso y la confusión de roles son tácticas que el enemigo usa para debilitar al ejército de Dios. Cuando los soldados no conocen su posición, o cuando compiten en lugar de colaborar, la misión sufre. Por eso la organización, la disciplina y la obediencia espiritual son indispensables. La iglesia no puede ser un grupo disperso de soldados desorientados; debe ser una unidad cohesionada bajo la dirección del Espíritu Santo. Solo así podremos resistir y conquistar eficazmente.

La estructura moderna del ejército espiritual también implica entrenamiento constante y evaluación periódica. Cada soldado necesita preparación continua, actualización en sus habilidades espirituales y adaptación a las realidades cambiantes del campo de batalla. La formación de líderes, el discipulado intencional y la supervisión espiritual son esenciales para mantener la efectividad del ejército de Cristo. No basta con alistarse; hay que mantenerse activo, funcional y listo para el combate. El Reino de Dios avanza con soldados bien entrenados y comprometidos.

En este capítulo, exploraremos cómo la estructura militar moderna ofrece lecciones prácticas para la organización espiritual de la iglesia. Veremos la importancia de roles claros, líneas de autoridad saludables y cooperación táctica en el cuerpo de Cristo. Analizaremos cómo cada creyente puede descubrir y ejercer su función con excelencia. El llamado es a dejar de ser espectadores y convertirnos en soldados listos para cualquier misión que el comandante asigne. La victoria pertenece a un ejército organizado, entrenado y obediente.

Roles y funciones dentro del ejército espiritual

Efesios 4:11-12

Y él mismo constituyó a unos, apóstoles; a otros, profetas; a otros, evangelistas; a otros, pastores y maestros, a fin de perfeccionar a los santos para la obra del ministerio, para la edificación del cuerpo de Cristo.

En todo ejército efectivo, cada soldado tiene un rol específico que contribuye al éxito colectivo de la misión. No todos son comandantes, ni todos son especialistas de avanzada, pero cada uno es vital. De igual manera, en el ejército espiritual, Cristo ha asignado funciones diversas dentro de Su cuerpo. Estos roles no son cuestión de estatus, sino de propósito y necesidad estratégica. Reconocer y respetar esta diversidad funcional es fundamental para la unidad y la victoria.

Efesios 4:11-12 describe algunas de las funciones principales establecidas por Cristo mismo: apóstoles, profetas, evangelistas, pastores y maestros. Cada uno de estos roles tiene un diseño específico para perfeccionar a los santos y equiparlos para la obra del ministerio. No son títulos honoríficos, sino funciones vivas que impulsan el avance del Reino. La iglesia pierde fuerza cuando estos roles son ignorados, minimizados o distorsionados. Su correcta operación garantiza un ejército espiritual maduro y eficaz.

El apóstol es como un comandante de avanzada, llamado a establecer nuevos territorios para el Reino. El profeta actúa como el oficial de inteligencia espiritual, recibiendo dirección y advertencias directamente del Señor. El evangelista es el explorador, que avanza hacia el terreno enemigo para rescatar almas y expandir la influencia del Reino. El pastor es el encargado de cuidar y mantener la salud espiritual de la tropa, asegurando que nadie quede atrás. El maestro proporciona el entrenamiento doctrinal que fortalece y afina las habilidades del soldado espiritual.

Más allá de estos ministerios de liderazgo, cada creyente tiene también asignaciones y dones específicos que forman parte de la dinámica del ejército espiritual. Algunos son intercesores estratégicos, otros son servidores incansables, otros son administradores que sostienen la logística de la obra. No todos los dones son visibles, pero todos son esenciales. En la guerra espiritual, no existe tal cosa como un rol insignificante o un soldado irrelevante.

Una de las trampas del enemigo es sembrar competencia o envidia entre los miembros del cuerpo de Cristo. Compararnos unos con otros solo genera división y debilita la eficacia del ejército. Cada función, aunque distinta, es de igual valor ante Dios porque cumple una necesidad particular. La diversidad de roles es una fortaleza, no una amenaza. Honrar y colaborar con las diferencias nos hace invencibles en el combate espiritual.

Conocer nuestro rol y caminar en él con fidelidad es parte del honor del soldado espiritual. No se trata de buscar posiciones visibles o codiciadas, sino de ser eficaces en la misión que se nos ha confiado. Dios recompensa la fidelidad, no el protagonismo. Un ejército donde cada soldado está en su lugar, cumpliendo su función, es un ejército imparable. Nuestra meta no es destacar individualmente, sino avanzar juntos bajo el mando de Cristo.

En este tiempo, Dios está llamando a Su iglesia a recuperar la estructura funcional de Su ejército espiritual. No podemos permitirnos desorganización ni confusión de roles en medio de la batalla creciente. Cada creyente debe descubrir su llamado, desarrollarlo y desplegarlo en cooperación con el cuerpo. Solo así podremos ver la madurez plena y la efectividad máxima del pueblo de Dios en la tierra. En la correcta operación de cada función está escondida gran parte de la victoria del Reino.

Autoridad y cadena de mando espiritual

Hebreos 13:17

Obedeced a vuestros pastores, y sujetaos a ellos; porque ellos velan por vuestras almas, como quienes han de dar cuenta; para que lo hagan con alegría, y no quejándose, porque esto no os es provechoso.

Todo ejército eficaz depende de una cadena de mando clara, reconocida y respetada. Sin autoridad legítima y obediencia genuina, la estructura militar se desmorona en caos y desorden. De la misma manera, el ejército espiritual establecido por Dios opera bajo un sistema de autoridad divina ordenado. Esta autoridad no es humana en su origen, aunque se ejerza a través de hombres y mujeres llamados por Dios. La comprensión y aceptación de la cadena de mando espiritual es esencial para el avance del Reino.

Hebreos 13:17 nos recuerda que debemos obedecer y sujetarnos a nuestros líderes espirituales. Esta sujeción no es ciega ni servil, sino consciente y basada en el entendimiento de que ellos velan por nuestras almas. Dios coloca líderes para guiar, proteger, enseñar y corregir al pueblo de Dios en Su nombre. Resistir la autoridad espiritual legítima no es simplemente un acto de rebeldía humana, sino una ofensa contra el orden establecido por Dios. La obediencia espiritual es un acto de fe y de honor al Señor.

La cadena de mando espiritual no elimina la dignidad ni la responsabilidad individual de cada creyente. Todos somos llamados a discernir, a confirmar con la Palabra, y a caminar en integridad bajo la autoridad delegada. Sin embargo, una actitud de insubordinación o desconfianza constante debilita tanto al individuo como al cuerpo. La sumisión mutua dentro del orden espiritual produce cohesión, fuerza y dirección clara. La unidad de propósito depende en gran medida del respeto a la autoridad establecida.

En el ejército natural, desobedecer una orden directa puede poner en peligro toda una operación. En el ejército espiritual, ignorar la dirección dada por líderes ungidos puede tener consecuencias serias en nuestra vida personal y en la efectividad colectiva. Dios honra la obediencia porque refleja humildad y confianza en Su soberanía. Cuando seguimos a nuestros líderes espirituales con un corazón recto, estamos en realidad siguiendo la dirección de Dios para nuestras vidas. Esta perspectiva cambia la obediencia de un peso a un privilegio.

La autoridad espiritual no existe para controlar ni para oprimir, sino para edificar, proteger y enviar. Un buen líder espiritual se preocupa más por el bienestar de las almas que por su propio prestigio o conveniencia. De igual manera, un soldado espiritual maduro no ve la autoridad como una amenaza, sino como una cobertura. La cadena de mando es una bendición diseñada para mantenernos seguros, enfocados y efectivos en el campo de batalla. Honrar esta estructura es honrar a Dios mismo.

El enemigo sabe que atacar la percepción de la autoridad es una estrategia eficaz para dividir y debilitar el cuerpo de Cristo. La desconfianza, el orgullo y el espíritu de independencia son armas que usa para quebrar la cadena de mando. Por eso debemos ser vigilantes y cultivar una actitud de respeto, gratitud y oración por nuestros líderes. No todos los líderes serán perfectos, pero todos merecen nuestro apoyo mientras caminan en fidelidad al Señor. Donde hay respeto a la autoridad espiritual, hay bendición y victoria.

Comprender y honrar la cadena de mando espiritual es una señal de madurez y de preparación para mayores responsabilidades en el Reino. Solo los soldados que saben obedecer órdenes pueden ser confiados para liderar otros en el futuro. El que no aprende a estar bajo autoridad, no está calificado para ejercer autoridad. Este principio es tan válido en el campo natural como en el espiritual. El ejército que respeta su cadena de mando es un ejército imparable en manos de su Comandante Supremo.

Unidad y cooperación en el campo de batalla

Filipenses 1:27

Solamente que os comportéis como es digno del evangelio de Cristo, para que... estéis firmes en un mismo espíritu, combatiendo unánimes por la fe del evangelio.

La unidad en el campo de batalla no es un lujo, es una necesidad vital para la supervivencia y la victoria. Un ejército dividido es un ejército condenado a la derrota, por más talento o recursos que posea. De igual manera, la iglesia debe pelear unida, con un mismo espíritu y un mismo propósito. No basta con que cada soldado sea fuerte individualmente; es esencial que todos trabajen en coordinación perfecta. La cooperación no es opcional: es parte integral del diseño de Dios para su ejército.

Pablo exhorta a los creyentes en Filipenses a combatir "unánimes por la fe del evangelio". La unanimidad no significa uniformidad en todos los gustos o pensamientos, sino unidad profunda en visión, misión y espíritu. Cada soldado puede tener habilidades y personalidades diferentes, pero su lealtad al objetivo común debe ser absoluta. Las diferencias legítimas no deben convertirse en divisiones peligrosas. La meta de la unidad es fortalecer el impacto colectivo contra el enemigo espiritual.

En el campo de batalla natural, la falta de comunicación o la descoordinación puede ser fatal. Igualmente, en la guerra espiritual, la falta de cooperación entre creyentes puede abrir brechas que el enemigo aprovecha. Por eso debemos ser intencionales en cultivar relaciones de confianza, comunicación clara y apoyo mutuo. Cada creyente debe ver al otro como un aliado indispensable, no como un competidor. La cooperación amplifica la fuerza espiritual y disminuye las vulnerabilidades.

La cooperación en el ejército espiritual requiere humildad, generosidad y madurez. No siempre estaremos de acuerdo en todo, pero podemos mantenernos firmes en lo esencial y actuar con gracia en lo secundario. La madurez espiritual se demuestra no en ganar discusiones, sino en preservar la unidad en medio de las diferencias. Dios bendice a los que se esfuerzan por mantener la unidad del Espíritu en el vínculo de la paz. Un ejército unido inspira respeto y temor en las huestes de maldad.

Cooperar implica también cargar unos con los otros en tiempos de debilidad. Cuando un soldado cae herido, no es abandonado; es levantado y ayudado por sus compañeros. En el campo espiritual, la intercesión, la restauración y el apoyo son expresiones prácticas de cooperación. No peleamos cada uno su propia guerra aislada; peleamos juntos, hombro a hombro, cubriéndonos mutuamente. Esta mentalidad de cuerpo es fundamental para resistir y conquistar en medio de la batalla.

La cooperación también se refleja en la disposición a seguir estrategias comunes, incluso cuando nuestras preferencias personales sean sacrificadas. El soldado maduro sabe que su función no siempre será visible ni reconocida, pero su fidelidad es vital para el éxito del cuerpo. La gloria del soldado espiritual no está en el protagonismo, sino en la eficacia colectiva. Cada victoria no es personal, sino del Reino. Esta perspectiva nos libra del orgullo y nos ancla en el verdadero propósito de nuestra lucha.

Combatir unánimes por la fe del evangelio es uno de los más altos llamados que tenemos como iglesia. No es suficiente combatir individualmente; debemos hacerlo como un solo cuerpo, bajo un solo Señor, para un solo propósito. Nuestra cooperación refleja el carácter de Cristo, quien oró para que fuéramos uno, como Él y el Padre son uno. La fuerza de un ejército espiritual radica en su capacidad de pelear juntos, no solamente de pelear bien. La unidad y la cooperación son armas poderosas que el enemigo no puede resistir.

Parte 2
El Armamento Moderno del Soldado Espiritual

Capítulo 4
El Chaleco Antibalas Espiritual: La Coraza de Justicia Moderna

Efesios 6:14

"Estad, pues, firmes, ceñidos vuestros lomos con la verdad, y vestidos con la coraza de justicia."

Introducción del Capítulo 4

En el campo de batalla moderno, uno de los equipos más esenciales para un soldado es el chaleco antibalas. Esta pieza, diseñada para proteger órganos vitales, representa la diferencia entre la vida y la muerte en combate. De manera similar, en la guerra espiritual, Dios nos provee una protección vital: la coraza de justicia. No es un adorno espiritual, sino un equipo indispensable para sobrevivir y avanzar en la lucha. Sin esta cobertura, el creyente queda expuesto a los ataques más letales del enemigo.

En tiempos antiguos, la coraza era hecha de bronce o hierro, pesada y visible; hoy, el chaleco antibalas cumple la misma función de forma más liviana y resistente. Esta evolución no cambia la esencia del propósito: proteger lo que es más importante. En la guerra espiritual, aunque las formas de ataque han cambiado, la necesidad de proteger nuestro corazón espiritual sigue vigente. La justicia que nos cubre no es producto de nuestros méritos, sino del sacrificio de Cristo. Nuestra fortaleza reside en caminar revestidos de Su justicia y no en nuestra propia fuerza.

Efesios 6:14 nos llama a "estar firmes", y esa firmeza comienza con la verdad y la justicia como protección. Sin una coraza espiritual, el soldado de Cristo se vuelve vulnerable a las acusaciones, condenaciones y engaños del enemigo. Cada ataque dirigido al corazón apunta a debilitarnos emocional y espiritualmente. La justicia, como el Kevlar moderno, absorbe el impacto de estos ataques y mantiene íntegra nuestra identidad en Cristo. Esta protección no es automática; requiere una apropiación consciente y diaria.

La coraza de justicia no solo defiende, sino que también otorga confianza para avanzar en el combate. Un soldado que confía en su equipo de protección puede moverse con valentía en el frente de batalla. De igual forma, el creyente que se reviste de la justicia de Cristo camina con autoridad y denuedo espiritual. No peleamos desde la inseguridad, sino desde la certeza de que estamos cubiertos y aceptos delante de Dios. Esta confianza es un arma poderosa contra la intimidación espiritual.

La justicia que nos cubre tiene dos dimensiones: la justicia imputada por Cristo y la justicia vivida en nuestro diario caminar. No solo somos hechos justos delante de Dios por la fe, sino que también somos llamados a vivir vidas justas en respuesta a esa gracia. Un soldado que descuida su conducta diaria compromete la efectividad de su protección espiritual. Cada decisión de obediencia refuerza la solidez de nuestra coraza. La santidad personal no es un lujo, es una necesidad vital en el campo de batalla.

El enemigo sabe que atacar la justicia es una forma efectiva de desestabilizar al soldado espiritual. Cuando logramos mantenernos conscientes de nuestra posición en Cristo y caminar en integridad, frustramos los planes del adversario. La culpa, la condenación y la hipocresía son grietas que debilitan nuestra protección si no las tratamos a tiempo. La reparación continua mediante el arrepentimiento sincero y la comunión con Dios es esencial. La coraza de justicia debe ser cuidada, mantenida y fortalecida día tras día.

En este capítulo exploraremos en profundidad qué significa vivir revestidos de justicia en el siglo 21. Analizaremos cómo el chaleco antibalas moderno nos enseña principios prácticos sobre la protección espiritual. Veremos cómo la justicia de Cristo y nuestra respuesta diaria a ella nos blindan contra los ataques del enemigo. Seremos llamados no solo a ponernos la coraza, sino a vivir de manera digna de ella. Prepárate para reforzar tu vida espiritual con una de las armas más poderosas que Dios ha puesto a tu disposición.

La necesidad vital de la coraza espiritual

Proverbios 4:23

Sobre toda cosa guardada, guarda tu corazón; porque de él mana la vida.

En toda operación militar, uno de los objetivos principales es proteger las áreas vitales del soldado. El corazón, como centro físico y simbólico de la vida, es prioritario para ser resguardado. De igual manera, en la guerra espiritual, el corazón representa el asiento de nuestras emociones, pensamientos y decisiones. Proverbios 4:23 nos advierte que guardar el corazón es la prioridad máxima de todo creyente. La coraza espiritual de justicia cumple precisamente esta función: proteger el centro de nuestra vida espiritual.

El enemigo sabe que si logra herir el corazón del soldado espiritual, puede desestabilizar todo su caminar. Un corazón contaminado, herido o desviado es terreno fértil para la derrota. Por eso, los ataques más sutiles y letales van dirigidos a nuestras emociones, motivaciones y convicciones. La coraza de justicia actúa como un blindaje contra estas flechas envenenadas del adversario. Sin esta protección, quedamos expuestos a desánimo, amargura, orgullo y engaño.

El corazón espiritual necesita protección constante porque de él mana la vida, es decir, afecta todas las áreas de nuestro ser. Lo que permitimos que entre en nuestro corazón determinará la dirección de nuestras decisiones y acciones. Si nuestro corazón permanece firme en la justicia de Dios, nuestras batallas serán enfrentadas con pureza de intención y fuerza interior. La negligencia en protegerlo nos lleva a fragilidades que tarde o temprano se manifestarán en caídas visibles. El cuidado del corazón es un acto de guerra preventiva.

La coraza espiritual no solo protege contra ataques externos, sino que también regula nuestra condición interna. Al vivir conscientes de la justicia que nos cubre, mantenemos un corazón sensible, humilde y enfocado en Dios. No se trata solo de resistir los dardos del enemigo, sino de preservar la vitalidad de nuestra relación con Cristo. La pureza de corazón nos capacita para escuchar la voz del Espíritu en medio del campo de batalla. Un corazón sano es un soldado fuerte.

El soldado que subestima la importancia de su coraza corre un riesgo innecesario y mortal. Así también, el creyente que descuida su vida interior se expone a ser herido en sus áreas más vulnerables. No basta con proteger la apariencia exterior o mantener un desempeño religioso aceptable. El verdadero combate espiritual se gana o se pierde en la condición real del corazón. La necesidad de una coraza espiritual sólida es absoluta y no puede ser ignorada.

La justicia que nos cubre debe ser diariamente abrazada por fe y vivida en obediencia práctica. No basta con saber que tenemos una coraza; debemos asegurarnos de llevarla puesta en todo momento. La oración, la meditación de la Palabra y la vigilancia espiritual son formas de mantener esta cobertura activa. No podemos darnos el lujo de salir al campo de batalla espiritual desprotegidos emocional o espiritualmente. La guerra espiritual es real y solo los corazones protegidos perseverarán hasta el fin.

La necesidad vital de la coraza espiritual es innegociable para el soldado del siglo 21. Cada día que amanece, es una nueva oportunidad para renovar nuestra cobertura y reforzar nuestra protección interior. Vivimos en tiempos donde los ataques al corazón son más sutiles, frecuentes e intensos que nunca. Solo un corazón guardado en justicia permanecerá firme y victorioso en medio de la tormenta. Ponerse la coraza de justicia no es opcional: es cuestión de vida o muerte espiritual.

Cómo mantener la coraza en condiciones óptimas

2 Corintios 7:1

Así que, amados, puesto que tenemos tales promesas, limpiémonos de toda contaminación de carne y de espíritu, perfeccionando la santidad en el temor de Dios.

En el ámbito militar, mantener el equipo en condiciones óptimas es una responsabilidad personal y continua del soldado. Un chaleco antibalas descuidado o dañado compromete su efectividad en el campo de batalla. De igual manera, nuestra coraza espiritual de justicia requiere mantenimiento constante para asegurar su integridad y funcionalidad. No podemos asumir que, por haber sido provistos de esta protección, permanecerá eficaz sin atención. El creyente debe ser diligente en preservar su corazón limpio y fortalecido en la justicia de Dios.

Pablo exhorta en 2 Corintios 7:1 a limpiarnos de toda contaminación de carne y de espíritu. La santidad personal es el proceso mediante el cual mantenemos nuestra coraza espiritual libre de grietas y vulnerabilidades. La contaminación, aunque pequeña al principio, puede expandirse y debilitar la protección de nuestro corazón. Cada compromiso moral, cada concesión al pecado, representa un golpe al blindaje que Dios nos ha dado. Por eso, la práctica del arrepentimiento y la limpieza diaria son fundamentales.

El mantenimiento de la coraza comienza en la mente y se refleja en las decisiones cotidianas. Cada pensamiento cautivo a la obediencia de Cristo refuerza nuestra cobertura espiritual. Cada acto de obediencia, cada negación del yo, cada palabra edificante contribuye a fortalecer la estructura de nuestra defensa. No es solo lo que evitamos, sino también lo que cultivamos activamente lo que mantiene nuestra coraza firme. La santidad no es ausencia de acción, sino construcción activa de una vida alineada a Dios.

El creyente que desea permanecer firme debe evaluar constantemente el estado de su corazón. No basta con recordar victorias pasadas; se requiere una inspección continua del presente. Así como el soldado revisa su equipo antes de cada misión, nosotros debemos permitir que el Espíritu Santo examine nuestro interior. La oración sincera de David, "Examíname, oh Dios, y conoce mi corazón", debe ser nuestro clamor diario. Un corazón vigilado es un corazón protegido.

La comunidad cristiana también juega un rol importante en el mantenimiento de nuestra coraza espiritual. La exhortación mutua, la confesión de faltas y el caminar en luz con otros creyentes fortalecen nuestras defensas internas. El aislamiento es terreno fértil para el deterioro espiritual. En comunidad, encontramos apoyo, corrección y aliento para mantenernos firmes. No fuimos diseñados para mantener nuestra armadura solos, sino como parte de un cuerpo en constante edificación.

El mantenimiento de la coraza también incluye alimentar nuestra alma con la Palabra de Dios. Las Escrituras son el agente limpiador que expone, corrige y restaura las áreas afectadas de nuestra vida. La justicia que nos cubre se fortalece cuando nos alineamos más profundamente a los caminos del Señor. La meditación constante en la Palabra renueva nuestra mente y refuerza nuestro corazón contra los engaños del enemigo. La negligencia en la Palabra es un debilitamiento progresivo de nuestra protección.

Mantener la coraza en condiciones óptimas es una tarea de amor, disciplina y temor reverente de Dios. No se trata de perfección humana, sino de dependencia continua del poder transformador del Espíritu. Cada día es una nueva oportunidad para reforzar, limpiar y ajustar nuestra protección espiritual. Un soldado preparado es un soldado confiado, y un creyente que guarda su corazón es un creyente que vence. La vida victoriosa comienza con una coraza de justicia bien mantenida ante Dios.

Avanzando con confianza: El poder de un corazón protegido

Isaías 32:17

Y el efecto de la justicia será paz; y la labor de la justicia, reposo y seguridad para siempre.

Uno de los mayores resultados de llevar puesta la coraza de justicia es la confianza para avanzar en el campo espiritual. El soldado que se sabe bien protegido no camina con temor ni duda, sino con firmeza y autoridad. Así también, el creyente que vive con un corazón cubierto por la justicia de Cristo se mueve con paz, seguridad y dirección. Isaías declara que el efecto de la justicia es paz, y esa paz es clave en medio del combate. La verdadera confianza espiritual nace de un corazón bien guardado.

El corazón protegido no se ve paralizado por la culpa, ni intimidado por la condenación. Cuando sabemos que estamos cubiertos por la justicia de Dios, no tememos al juicio humano ni a las acusaciones del enemigo. Esta cobertura genera un reposo interno que nos permite actuar con claridad y propósito. La batalla no se convierte en una carga insoportable, sino en una misión llevada con fe. Esta confianza espiritual nos distingue como soldados del Reino.

Caminar con un corazón protegido también significa estar libres de la inestabilidad emocional que muchas veces debilita al creyente. Las emociones desbordadas, el temor irracional y la ansiedad son síntomas de una protección espiritual deteriorada. Pero cuando la justicia de Dios reina en nuestro interior, se establece un orden que nos permite resistir cualquier presión externa. La paz interior se convierte en un escudo que apaga las voces que buscan desviarnos. La seguridad no depende de las circunstancias, sino de la cobertura divina.

El poder de un corazón protegido también se manifiesta en la autoridad con la que hablamos, oramos y ministramos. No dudamos de nuestro lugar delante de Dios, ni de Su respaldo en nuestras acciones. Un corazón limpio es un canal libre para que fluya el poder del Espíritu. No se trata de altivez, sino de firmeza nacida de una identidad clara en Cristo. La justicia nos posiciona para operar con efectividad en todo lo que Dios nos ha encomendado.

La confianza que nace de la justicia no es pasiva; impulsa al creyente a avanzar, conquistar y resistir sin retroceder. El temor ya no gobierna nuestras decisiones, y el pasado no dicta nuestro presente. Con el corazón protegido, podemos perdonar, amar y obedecer sin reservas. Nos volvemos soldados valientes, no porque no tengamos heridas, sino porque estamos revestidos de una protección superior. La justicia de Cristo transforma nuestra manera de caminar y de guerrear.

La paz que produce la justicia no es ausencia de conflicto, sino presencia de certeza en medio del conflicto. El soldado espiritual con un corazón protegido puede estar en medio de la tormenta y seguir avanzando sin vacilar. Su fuerza está en saber que Dios lo ha justificado, lo ha sellado y lo ha enviado. Nada ni nadie puede arrebatarle esa seguridad cuando vive rendido a esa verdad. Es ahí donde comienza el verdadero impacto en el campo de batalla espiritual.

Avanzar con confianza no es una ilusión motivacional, es el fruto de vivir con una coraza firme y activa. Cuando nuestra justicia proviene de Dios y no de nosotros mismos, caminamos sin peso innecesario. La seguridad que eso produce nos convierte en soldados eficaces, no solo defensivos, sino conquistadores. Un corazón protegido es un corazón que no se detiene. Esa es la victoria silenciosa, profunda y poderosa del que ha aprendido a caminar cubierto por la justicia del Cielo.

Capitulo 5
El Escudo Balistico: La Fe Como Protección de Combate Cercano

Efesios 6:16
Sobre todo, tomad el escudo de la fe, con que podáis apagar todos los dardos de fuego del maligno.

Introducción del Capítulo 5

En los contextos modernos de combate urbano o disturbios violentos, el escudo riot se ha convertido en una herramienta indispensable. No es simplemente un objeto de defensa pasiva, sino una barrera activa que detiene ataques dirigidos a corta distancia. Su propósito es proteger la movilidad del soldado en entornos hostiles, donde el peligro es inminente y repentino. De forma similar, el escudo espiritual de la fe es nuestra defensa constante ante los ataques cercanos, personales e impredecibles del enemigo. Sin este escudo, el soldado de Dios queda vulnerable a impactos que podrían quebrar su determinación y su avance.

Efesios 6:16 resalta la importancia del escudo de la fe como una cobertura "sobre todo", colocándolo en una posición prioritaria. Pablo reconoce que el enemigo lanza "dardos de fuego", ataques diseñados no solo para herir, sino para incendiar y destruir desde adentro. La fe no solo detiene el ataque, sino que extingue su efecto y neutraliza su capacidad destructiva. Este tipo de escudo espiritual no es decorativo, es funcional y dinámico. Es la herramienta que protege el corazón, la mente y la estabilidad emocional del creyente en medio del combate diario.

En tiempos antiguos, los escudos eran grandes, de madera forrada con cuero, que al ser mojado apagaba las flechas incendiarias. Hoy, los escudos riot son de polímeros y materiales reforzados, resistentes a impactos contundentes y proyectiles. Así también, nuestra fe debe ser resistente, flexible y constantemente reforzada por la Palabra de Dios. No se trata de una fe frágil, emocional o momentánea, sino de una fe entrenada y afirmada en la verdad eterna. La fe funcional es aquella que se ha probado en el fuego y permanece firme.

El escudo riot no se lleva colgado al hombro, se empuña activamente en la dirección del peligro. Es un instrumento que exige atención, reacción y entrenamiento constante. La fe no es un sentimiento pasivo, es una decisión activa que responde al ataque con convicción. Cada vez que enfrentamos oposición, la fe es el primer escudo que debemos levantar. Sin práctica, el escudo se convierte en un peso inútil; sin fe activa, el creyente se convierte en un blanco expuesto.

Muchos de los ataques más peligrosos que enfrentamos no vienen de lejos, sino de cerca: dudas internas, palabras hirientes, situaciones imprevistas. Estos ataques cercanos, como en un disturbio, requieren un escudo listo, bien sujeto, cubriendo lo esencial. La fe nos permite seguir caminando aunque todo alrededor se sacuda. Nos protege de las heridas internas, de las voces destructivas y del desgaste emocional que pretende paralizarnos. El que lleva el escudo de la fe avanza incluso en medio del caos.

El escudo riot también permite avanzar en formación, alineado con otros soldados. En la iglesia, nuestra fe fortalece la fe del hermano, y juntos formamos una muralla impenetrable. La fe colectiva tiene un poder multiplicador que refuerza la defensa y potencia el avance del cuerpo. Un escuadrón espiritual que levanta sus escudos en unidad puede resistir embates que destruirían a un creyente aislado. La fe es personal, pero también es una fuerza de unidad en el ejército de Dios.

En este capítulo exploraremos cómo levantar y sostener el escudo de la fe en todo tipo de combates. Veremos cómo identificar los dardos de fuego y cómo mantener nuestra fe activa, operante y resistente. Comprenderemos que la fe no solo es un recurso de emergencia, sino una herramienta constante de cobertura en cada paso de la batalla. El escudo riot espiritual nos capacita para resistir, proteger y seguir adelante sin ser destruidos por el ataque. Prepárate para fortalecer tu defensa y tomar el control de tu territorio espiritual con fe firme.

Reconociendo los dardos de fuego del enemigo

1 Pedro 5:8

Sed sobrios, y velad; porque vuestro adversario el diablo, como león rugiente, anda alrededor buscando a quien devorar.

Ningún soldado puede levantar el escudo con precisión si no sabe desde dónde vienen los ataques. En el campo espiritual, el enemigo rara vez lanza ataques evidentes; prefiere los dardos disfrazados, sutiles y dirigidos al alma. Pedro nos advierte que el diablo no es pasivo, sino que anda activamente buscando a quien devorar. Esta alerta implica vigilancia constante, atención sobria y discernimiento espiritual afilado. Reconocer los dardos de fuego es el primer paso para neutralizarlos con el escudo de la fe.

Muchos de estos dardos no tienen forma física, sino emocional, mental y espiritual. El desánimo, la duda, la culpa, la comparación, la envidia y el temor son proyectiles inflamables que buscan encender fuegos dentro del creyente. A veces se manifiestan como pensamientos insistentes, otras veces como palabras de personas cercanas o circunstancias inesperadas. El enemigo no siempre busca destruir de golpe; muchas veces intenta desgastar con ataques constantes y precisos. Su meta es debilitar nuestra fe, no solo lastimarnos.

Un dardo de fuego no solo hiere: incendia. Su diseño es provocar una reacción interna que se extienda y consuma nuestra paz, enfoque y firmeza. Un pensamiento no confrontado puede convertirse en ansiedad; una ofensa no sanada puede convertirse en amargura. Estos incendios internos pueden devastar más que un ataque externo evidente. Por eso, es urgente aprender a detectar los primeros signos del fuego antes de que se propague.

Muchos creyentes viven bajo fuego sin saber que están siendo atacados. Han normalizado emociones destructivas o patrones de pensamiento nocivos sin reconocer su origen espiritual. La falta de discernimiento convierte al soldado en una víctima fácil del enemigo. La oración, la Palabra y la comunión con el Espíritu Santo afinan nuestros sentidos para identificar el fuego antes de ser consumidos. Dios no solo quiere que resistamos, sino que aprendamos a reconocer el campo de batalla.

Los dardos también pueden venir en forma de tentaciones dirigidas a nuestras debilidades específicas. El enemigo estudia nuestros patrones, nuestras heridas pasadas y nuestros vacíos emocionales. Apunta con precisión quirúrgica, sabiendo dónde causará mayor daño si no reaccionamos a tiempo. Cada creyente debe conocer sus áreas vulnerables y estar armado con la fe para enfrentarlas. No podemos ignorar nuestras grietas espirituales; debemos reforzarlas con oración y verdad.

Otros dardos son ideológicos: filosofías, doctrinas erróneas y narrativas culturales que buscan erosionar nuestra convicción bíblica. Estos ataques no siempre se presentan como maldad obvia, sino como sutilezas atractivas que apelan a la lógica humana. Si la fe no está bien fundamentada, estos dardos penetran y desestabilizan. Reconocerlos requiere estar profundamente arraigados en la Palabra de Dios. Solo así podremos levantar el escudo con precisión ante cada fuego disfrazado de luz.

Reconocer los dardos de fuego no nos convierte en temerosos, sino en estratégicos. Un soldado que sabe identificar el ataque puede responder con fuerza y dirección. La fe activa no es ingenua, es alerta, entrenada y lista para reaccionar. Dios nos llama a velar, a discernir y a contrarrestar cada intento del adversario con verdad y autoridad. El escudo de la fe comienza a funcionar cuando sabemos exactamente qué estamos bloqueando.

Fortaleciendo el escudo: Cómo alimentar una fe resistente

Romanos 10:17

Así que la fe es por el oír, y el oír, por la palabra de Dios.

En el ejército moderno, los escudos ya no son de madera o bronce, sino de materiales balísticos como el Kevlar o el polímero antibalas. No se trata solo de portar uno, sino de que esté certificado, sin grietas y adaptado al tipo de amenaza. De la misma forma, la fe no debe ser simbólica, sino resistente, activa y funcional frente a los ataques del enemigo. Pablo declara que la fe viene por el oír la Palabra de Dios; esto implica que el "material" del escudo es directamente proporcional a la calidad de nuestra exposición bíblica. Una fe resistente es una fe alimentada

Los soldados de infantería son entrenados constantemente porque no basta con haber aprendido una vez: lo aprendido debe mantenerse fresco y operativo. Igualmente, el creyente necesita estar en contacto continuo con la Palabra, que es el centro de comando para mantener la fe viva. Cada versículo aprendido, cada verdad meditada, y cada principio obedecido son capas que fortalecen nuestro escudo. Un soldado sin entrenamiento es un blanco fácil, y un cristiano sin palabra es vulnerable, aunque tenga buenas intenciones. No es el entusiasmo, sino la preparación, lo que salva vidas en combate.

En el ejército se enseña que los escudos deben probarse bajo presión, no en la calma del entrenamiento. Las pruebas de fuego revelan fallas estructurales y exigen ajustes. En lo espiritual, la fe crece precisamente cuando pasa por el fuego de la incertidumbre, la oposición y el sufrimiento. Cuando seguimos creyendo sin ver, obedeciendo sin sentir, y avanzando sin entender, el escudo gana peso y confiabilidad. No existe fe robusta sin enfrentamiento real.

Así como los sistemas de defensa modernos tienen sensores y enlaces con el centro de comando, el creyente debe estar conectado a Dios mediante la oración. La oración constante recalibra la percepción del soldado espiritual y le permite alinear su escudo en la dirección correcta. Sin comunicación con el Comandante Supremo, nuestras decisiones se vuelven erráticas y nuestra cobertura se debilita. El soldado que ora escucha, y el que escucha se anticipa. La oración no solo alimenta la fe; la posiciona estratégicamente.

En unidades militares, la cohesión entre compañeros es vital para sobrevivir al combate. Ningún escudo es suficiente por sí solo; se necesita cobertura mutua. La fe del uno refuerza al otro, como los escudos que se ensamblan en formación para protegerse como un solo cuerpo. El aislamiento espiritual es tan peligroso como la exposición en el campo de batalla. Por eso, cultivar relaciones de fe es también fortalecer el escudo.

En el entrenamiento táctico, los soldados aprenden que no deben esperar a tener todas las respuestas para actuar. La fe opera bajo esa misma lógica: se fortalece cuando se ejercita, no cuando se explica todo. Cada paso de obediencia se convierte en un movimiento táctico que refuerza la confianza para el siguiente. Dios honra al soldado que avanza por órdenes, no solo al que entiende la misión completa. La fe crece en la ejecución, no solo en la teoría.

Fortalecer el escudo de la fe es tan vital como afinar un arma o mantener un chaleco en condiciones óptimas. Un escudo dañado compromete la integridad del soldado y la efectividad de toda la unidad. Dios nos ha provisto todo lo necesario para mantener nuestra fe firme y operante, pero requiere diligencia, práctica y compromiso. Alimentar la fe es parte de nuestra disciplina como guerreros del Reino. Porque sin un escudo sólido, el enemigo siempre encontrará por dónde entrar.

La fe como impulso ofensivo en medio del combate

1 Juan 5:4

Porque todo lo que es nacido de Dios vence al mundo; y esta es la victoria que ha vencido al mundo, nuestra fe.

En el ejército moderno, la ofensiva no depende únicamente del armamento, sino del impulso interior del soldado para avanzar bajo fuego. Las misiones más críticas se ejecutan bajo presión extrema, y requieren una fuerza interna que desafía el miedo, la incertidumbre y el dolor. Esa fuerza, en la vida espiritual, se llama fe. No es pasiva ni tímida, sino una convicción que empuja hacia adelante cuando todo lo demás invita a retroceder. La fe no es solo escudo; también es la energía que lanza al creyente al campo de acción.

Un escuadrón de infantería no espera tener el camino despejado para moverse; se mueve estratégicamente con la confianza de que su entrenamiento y propósito son suficientes. Igualmente, el cristiano no espera tener todas las condiciones perfectas para obedecer a Dios. La fe ofensiva actúa, toma territorio y establece presencia espiritual en ambientes hostiles. Es la fe que ora por sanidad, que predica en plazas vacías, que planta iglesias en zonas difíciles. Es la fe que avanza porque sabe que el respaldo viene del Comandante en Jefe.

Los misiles de largo alcance y los ataques por sorpresa en la guerra moderna buscan tomar ventaja antes del contacto directo. En lo espiritual, muchas veces Dios nos permite lanzar “misiles de fe” al declarar Su Palabra, al interceder con autoridad o al sembrar en terrenos imposibles. Estas acciones no se hacen desde la comodidad, sino desde la convicción. La fe ofensiva no espera ver para moverse; se mueve para ver. Es el acto de confiar en que lo que se ha dicho desde el cielo será cumplido en la tierra.

El impulso ofensivo de la fe necesita disciplina mental, como se enseña en las unidades élite de combate. El soldado que se deja dominar por la duda o la inseguridad queda paralizado y pone en riesgo a todo su pelotón. En la vida cristiana, una mente sin entrenamiento espiritual frena la acción y neutraliza el avance del Reino. Por eso, alimentar la fe es también renovar la mente con la Palabra y la visión divina. El pensamiento estratégico comienza con creer que la victoria ya fue declarada.

En operaciones militares modernas, las fuerzas se insertan en territorios enemigos para establecer puntos de control. La fe ofensiva funciona de forma similar: entra a espacios dominados por el pecado, la mentira o el dolor, y establece presencia del Reino. El creyente que opera con este tipo de fe no se adapta al entorno; lo transforma. No se trata de imponer fuerza, sino de invadir con luz, verdad y esperanza. La fe, cuando se activa con propósito, se convierte en una fuerza de ocupación espiritual.

El enemigo reacciona violentamente ante el avance de un ejército que toma territorio. Del mismo modo, una iglesia que opera con fe ofensiva será atacada, resistida y desacreditada. Pero como en las campañas militares más exitosas, el sufrimiento no detiene la operación: la refuerza. La fe ofensiva no se desanima por la resistencia, porque sabe que la victoria está garantizada por decreto divino. En cada oposición hay una señal de que estamos avanzando en la dirección correcta.

Nuestra fe no fue dada para sobrevivir solamente, sino para conquistar. No es una herramienta de emergencia, sino el sistema que activa toda la maquinaria del Reino en la tierra. Dios no está buscando soldados que solo se escondan tras escudos, sino guerreros que avancen con el estandarte del Reino. La fe ofensiva convierte cada día en una misión y cada lugar en una oportunidad. Porque lo que es nacido de Dios no solo resiste: vence al mundo.

Capítulo 6
El Rifle Espiritual: La Palabra Como Arma de Precisión

Efesios 6:17
"Y tomad el yelmo de la salvación, y la espada del Espíritu, que es la palabra de Dios."

Introduccion del Capítulo 6

En el campo de batalla moderno, el rifle no es solo una herramienta de defensa; es la principal arma de precisión con la que un soldado neutraliza amenazas. El rifle ha evolucionado para ser compacto, confiable y letal en manos entrenadas, diseñado para funcionar bajo presión y con exactitud. En la guerra espiritual, Dios nos ha provisto un arma similar: Su Palabra. No es una espada antigua colgada en la pared, sino una herramienta viva y eficaz que se adapta a cada batalla. La Palabra no es solo lectura devocional, sino una herramienta táctica.

Un soldado que no sabe usar su rifle es un blanco fácil. Puede tener uniforme, entrenamiento físico, e incluso valentía, pero sin dominio de su arma, está limitado. Muchos creyentes hoy llevan la Biblia, la citan ocasionalmente, pero no la han interiorizado como un arma de combate. Usar la Palabra en el contexto espiritual implica conocerla, aplicarla y declarar su poder con convicción. Es imposible conquistar territorios espirituales sin una relación profunda con la Escritura.

Las armas modernas permiten visión nocturna, calibración personalizada y disparos de largo alcance. Así también, la Palabra tiene aplicaciones específicas para cada momento: consuela, confronta, guía, disciplina y transforma. No se trata de cantidad, sino de precisión: una palabra correcta en el momento correcto cambia una vida. El Espíritu Santo, como Instructor Divino, nos entrena para utilizar esta arma con sabiduría sobrenatural.

En un ejército profesional, nadie envía soldados al frente sin saber cómo limpiar, montar y disparar su rifle. Sin embargo, en la iglesia, muchas veces enviamos creyentes sin conocimiento bíblico sólido. Se emocionan en el culto, pero fallan en el debate; oran con fervor, pero se desorientan ante el error doctrinal. Es tiempo de volver a equipar al creyente con la Palabra como su arma principal. La adoración sin palabra es entusiasmo sin dirección.

El rifle espiritual también requiere mantenimiento. La Palabra no puede ser algo del pasado ni almacenada sin uso; debe estar fresca, activa, afilada en nuestro espíritu. Memorizar versículos no es suficiente si no hay revelación y aplicación. Un arma sin uso se oxida, y una Biblia cerrada en casa es inútil frente a las estrategias del enemigo. El creyente debe estar armado no solo en el culto, sino en la rutina diaria.

En combate, los soldados aprenden a disparar bajo presión, en movimiento, y en condiciones extremas. Así también, debemos saber cómo declarar y vivir la Palabra en medio de crisis, dudas, persecución o tentación. No basta con saber qué dice la Escritura; hay que saber cuándo usarla, cómo aplicarla y con qué intención. El enemigo no teme una Biblia abierta, pero sí tiembla ante un creyente que la activa con fe. Esa es la diferencia entre religión y autoridad.

Este capítulo busca reentrenar a la iglesia como un batallón listo para la guerra. Nos enfocaremos en cómo leer, aplicar, declarar y vivir la Palabra de forma efectiva. Veremos la diferencia entre letra y revelación, información y transformación. Y sobre todo, redescubriremos por qué la Biblia no es solo nuestro manual, sino nuestra arma. Es tiempo de tomar el rifle espiritual y avanzar hacia la victoria con fuego de cobertura divina.

Conocimiento que dispara: Manejo táctico de la Palabra

2 Timoteo 2:15

Procura con diligencia presentarte a Dios aprobado, como obrero que no tiene de qué avergonzarse, que usa bien la palabra de verdad.

Todo ejército serio entrena a sus soldados en el manejo de armas antes de enviarlos al campo. El conocimiento táctico no es opcional; es lo que separa a los sobrevivientes de las bajas. En la vida cristiana, ese conocimiento comienza con una correcta interpretación y aplicación de la Palabra. No basta con leer versículos al azar o citar frases aisladas sin contexto. El cristiano necesita conocer la Escritura con la misma disciplina con que un soldado estudia su arma.

Cada tipo de rifle moderno tiene instrucciones específicas para su uso: limpieza, seguridad, posiciones de disparo, tipos de munición. Asimismo, cada libro bíblico tiene su contexto, propósito y aplicación adecuada. Manejar la Palabra requiere más que emoción; demanda estudio, profundidad y respeto. Un creyente sin base bíblica se convierte en una amenaza para sí mismo y para otros, usando mal lo que debería traer vida. De ahí la importancia de la exégesis, el contexto y la guía del Espíritu.

Un disparo certero no se logra por suerte, sino por práctica. Así también, declarar una palabra con autoridad no es fruto de improvisación, sino de entrenamiento espiritual. Memorizar Escritura, meditar en ella y entender su intención son prácticas esenciales para el guerrero espiritual. No se trata de acumular versículos como munición sin blanco. Se trata de ser guiado por el Espíritu para aplicar la Palabra como proyectil exacto en el momento justo.

La Palabra de Dios tiene el poder de liberar, sanar, confrontar, restaurar y declarar juicio. Pero solo produce efecto si quien la dispara lo hace desde la verdad, no desde la manipulación. Muchos han usado versículos para justificar errores, herir personas o establecer doctrinas distorsionadas. Esto demuestra que un arma en manos inexpertas puede causar daño, incluso si es verdadera. Por eso, el conocimiento debe ir acompañado de madurez espiritual.

En la milicia, los instructores corrigen constantemente la postura, el ángulo y el enfoque del tirador. El Espíritu Santo cumple esta función en el creyente: nos corrige cuando interpretamos mal, nos alinea cuando desviamos la intención del texto, y nos capacita para disparar con precisión. Una revelación mal dirigida puede alimentar el orgullo en lugar de edificar. El discernimiento es parte del entrenamiento en la Palabra. No se trata solo de saber qué dice, sino de comprender para qué y cuándo se dice.

Hay momentos donde el Espíritu activa en nosotros un versículo específico como si cargara un proyectil en el alma. Esa palabra, cuando es soltada, produce un efecto inmediato, como un disparo preciso en el blanco espiritual. Es lo que Jesús hizo al enfrentar a Satanás en el desierto: usó la Escritura con claridad, sin adornos ni titubeos. Cada declaración fue una bala directa que neutralizó al enemigo. Así debe operar cada soldado del Reino.

El creyente que domina el rifle espiritual no depende de emociones ni de frases motivacionales. Su confianza está en la verdad revelada, en el poder de una Palabra bien aplicada y en el respaldo del Espíritu. No necesita gritar para tener autoridad, ni exhibirse para impactar. Basta que suelte la Palabra bajo unción, y las tinieblas retroceden. Ese es el poder de manejar la Biblia como un arma táctica: no solo se lee, se vive y se dispara con eficacia.

Fuego sostenido: Declarar la Palabra en medio del combate

Jeremías 23:29

¿No es mi palabra como fuego, dice Jehová, y como martillo que quebranta la piedra?

En la guerra moderna, el fuego sostenido se usa para cubrir a los soldados mientras avanzan, obligando al enemigo a replegarse o quedar neutralizado. En el ámbito espiritual, declarar continuamente la Palabra en medio de la batalla crea una atmósfera de resistencia y dominio. No se trata de repetir por repetir, sino de soltar lo que el cielo respalda, con convicción y enfoque. La declaración de la Palabra en momentos de presión es como una ametralladora que mantiene al enemigo acorralado. Cada palabra dicha en fe y conforme a la voluntad de Dios es un disparo que no regresa vacío.

Muchos creyentes se limitan a hablar la Palabra solo en tiempos de paz, pero el verdadero guerrero la proclama más fuerte en la crisis. No es una estrategia de defensa emocional, sino una postura de guerra consciente. Declarar lo que Dios ha dicho, incluso cuando las circunstancias contradicen la promesa, es un acto de fe militante. Esta práctica alimenta el alma, debilita el temor y fortalece la esperanza. No es magia verbal, es fuego espiritual constante.

El fuego sostenido no se usa para impresionar al enemigo, sino para inmovilizarlo. Así también, declarar la Palabra no busca llamar la atención humana, sino provocar un efecto espiritual. Hay poder en repetir lo que Dios ya ha dicho, porque es como recalibrar el enfoque y reforzar la línea de combate. El enemigo teme a los que conocen y sostienen la Palabra, porque sabe que no pueden ser fácilmente engañados o silenciados. Donde hay verdad soltada, el error pierde territorio.

Un arma en fuego sostenido se calienta y requiere mantenimiento constante. Del mismo modo, el guerrero que declara la Palabra necesita permanecer conectado con el Espíritu, para no caer en mecanicismos vacíos. Hay quienes proclaman versículos sin presencia, y no producen nada porque no hay comunión detrás de las palabras. El fuego sostenido espiritual no viene de la emoción, sino de la convicción, la revelación y la obediencia. Es un fluir que nace del altar, no del escenario.

En tiempos de guerra espiritual, hay declaraciones que tienen que ser persistentes: “No moriré, sino que viviré”, “Jehová peleará por mí”, “Todo lo puedo en Cristo”. Estas no son frases cliché; son balas con trayectoria. Cuando se repiten con fe, van penetrando el ambiente y deshaciendo las estructuras mentales del enemigo. La repetición constante no es duda, es dominio del campo. Se proclama hasta que el entorno se alinea con la verdad celestial.

Jesús mismo enfrentó al enemigo con la frase “Escrito está”. No improvisó ni filosofó: disparó Palabra. Esa fue su táctica de fuego sostenido durante el asalto en el desierto. Si el Hijo de Dios usó la Escritura como arma principal, ¿qué excusa tenemos nosotros para no hacer lo mismo? La batalla no se gana con emociones, sino con una boca alineada a la voluntad del Padre. Declarar la Palabra en la tormenta no solo calma las aguas, reposiciona nuestra autoridad.

Por eso, este subcapítulo no es solo una enseñanza; es una orden de batalla: no calles lo que Dios te ha dicho. Decláralo con convicción, en la enfermedad, en la necesidad, en la confusión. Mantén el fuego abierto hasta que la atmósfera cambie. La Palabra en tu boca tiene poder no porque sea tuya, sino porque viene del Capitán de tu salvación. Fuego sostenido es sinónimo de una fe que no retrocede.

El francotirador espiritual: La Palabra específica para blancos precisos

Proverbios 25:11

Manzana de oro con figuras de plata es la palabra dicha como conviene.

El francotirador en el campo militar no dispara al azar; estudia el terreno, calcula la distancia y espera el momento exacto para actuar. Así es también el creyente que ha aprendido a usar la Palabra como un instrumento quirúrgico, no como un mazo descontrolado. No toda batalla espiritual requiere bombardeo masivo; algunas requieren una palabra certera, dicha en el momento justo. Esa palabra no solo desestabiliza al enemigo, sino que también libera con precisión quirúrgica lo que estaba atado. Hablar lo correcto en el tiempo correcto es una de las armas más poderosas del Reino.

El francotirador espiritual es sensible al Espíritu Santo y no habla hasta que recibe la señal. No se mueve por emociones, sino por asignación. Puede parecer pasivo, pero está en alerta constante, esperando el mandato del Comandante. La Palabra que sale de su boca no es por impulso, es por revelación. Cada palabra que pronuncia apunta a un blanco: un corazón endurecido, una mentira arraigada, un plan oculto del enemigo.

El poder de la Palabra específica no está en su volumen, sino en su precisión. A veces una sola frase, dicha con unción y convicción, tiene más impacto que mil palabras desordenadas. Es la diferencia entre hablar por hablar y soltar un proyectil divino con dirección clara. Jesús lo demostró con la mujer samaritana: una palabra revelada la confrontó, la sanó y la activó como evangelista. Lo que más necesitamos hoy no es gente que hable mucho, sino gente que hable lo que conviene.

En la guerra espiritual, los francotiradores son letales porque operan desde la distancia y en silencio. Son invisibles pero efectivos, y su eficacia depende de su preparación y discernimiento. Igualmente, el creyente que maneja bien la Palabra no necesita plataforma ni micrófono para causar impacto. Basta una conversación, una oración personal, o una palabra al oído para cambiar el destino de alguien. Esta arma se perfecciona en lo secreto, no en lo público.

El entrenamiento del francotirador incluye aprender a esperar, a respirar correctamente, y a mantenerse enfocado en medio de distracciones. Espiritualmente, esto representa disciplina devocional, vida de oración, y obediencia a la voz del Espíritu. La Palabra específica no es un don reservado a unos pocos; es el resultado de una vida que escucha, que guarda, y que obedece. Todos podemos ser francotiradores si estamos dispuestos a afinar nuestros oídos. Pero para eso hay que apagar el ruido y volver al secreto.

El enemigo teme esta arma porque sabe que una sola palabra certera puede destruir fortalezas que años de religión no han tocado. Cuando Dios te da la palabra correcta, no hay argumento que la detenga ni resistencia que la ignore. Por eso, más que hablar mucho, debemos buscar hablar con propósito. Una palabra de parte de Dios atraviesa capas de dolor, confusión y rebeldía, hasta llegar al corazón. No subestimes el poder de una bala espiritual bien dirigida.

Con este enfoque, cerramos el capítulo entendiendo que la Palabra es una herramienta multifacética: escudo, espada, fuego sostenido y rifle de precisión. No se trata solo de conocer la Escritura, sino de ser guiados por el Espíritu para usarla con efectividad. El francotirador espiritual no es más especial que el soldado común; simplemente ha aprendido a usar su arma con un enfoque superior. Tú también puedes aprender ese nivel de precisión. Y cuando lo hagas, cada palabra que digas será una descarga directa del cielo.

Capítulo 7
Las Botas de la Bbediencia Activa

Romanos 10:15
"¿Y cómo predicarán si no fueren enviados? Como está escrito: ¡Cuán hermosos son los pies de los que anuncian la paz, de los que anuncian buenas nuevas!"

Introduccion del Capitulo 7

En el campo de batalla, las botas no son solo parte del uniforme; son el punto de contacto con el terreno hostil. Unas botas adecuadas permiten al soldado avanzar con firmeza, mantener el equilibrio y resistir condiciones extremas. En el Reino de Dios, nuestras "botas" son la obediencia activa: caminar en lo que Dios dice, no solo creerlo de forma pasiva. Obedecer es avanzar, no solo asentir mentalmente. La fe que no camina, se estanca y pierde efectividad en la misión.

Un soldado que no confía en sus botas no caminará con confianza, ni explorará terreno nuevo. Del mismo modo, un creyente que no ha aprendido a obedecer la voz de Dios caminará con temor, inseguridad y titubeo espiritual. Las botas son diseñadas para resistir barro, espinas, clavos, piedras, terrenos mojados y escabrosos. Así también, la obediencia no depende de si el camino es fácil, sino de si la orden vino del Comandante. La fortaleza no está en el suelo, sino en la obediencia con que se camina.

En el ejército moderno, cada misión exige una preparación especial del calzado según el terreno: selva, desierto, nieve o ciudad. No se usan las mismas botas para todas las condiciones, porque cada una responde a un desafío particular. En la vida cristiana, cada obediencia tiene un contexto y una asignación distinta: no todas se verán iguales, pero todas deben ejecutarse con firmeza. Algunos están llamados a avanzar en lugares oscuros, otros a permanecer firmes en el terreno ya conquistado. Lo importante no es la ruta, sino la determinación de seguir avanzando bajo dirección divina.

Las botas del evangelio representan no solo movimiento, sino también cobertura espiritual en la movilidad. El creyente que camina en obediencia está protegido por la autoridad de Aquel que lo envía. Cada paso obediente no solo es terreno recorrido, sino terreno bajo jurisdicción del Reino. No se trata de caminar por emoción, sino por asignación. Hay gente corriendo sin botas, avanzando sin cobertura, y terminan heridos, desgastados y confundidos.

Un escuadrón de infantería se mueve en formación, sincronizado por radios, señales y entrenamiento previo. En lo espiritual, la obediencia también tiene un componente corporativo: no caminamos solos, somos parte de un cuerpo en movimiento. Tu paso impacta al que viene detrás, y tu retraso puede afectar al que depende de tu avance. Por eso no es opcional caminar en obediencia: es un asunto de vida o muerte espiritual. El Reino se extiende paso a paso, pero no con desorden, sino con estrategia.

En las marchas largas, el desgaste físico se siente en los pies primero. Es allí donde muchos soldados renuncian, no porque no tengan visión, sino porque no soportaron el camino. En lo espiritual, muchos tienen propósito, pero abandonan por no haber cultivado una obediencia constante. La fe diaria, los pasos pequeños y la consistencia silenciosa son las botas que sostienen la jornada larga. No es quien corre más rápido, sino quien no deja de caminar.

Las botas son símbolo de resistencia, constancia y avance silencioso. Son los pies los que nos llevan a las almas, a las batallas y a las victorias. Por eso Isaías dijo que son "hermosos los pies" de los que predican el evangelio, porque son pies obedientes que no se detienen. Cada creyente es llamado a caminar por fe, no por vista, y eso significa obedecer aunque no entienda todo. Porque en este ejército, no avanzamos por impulso, sino por obediencia activa y determinada.

Avanzar sin retroceder

Hebreos 10:39

"Pero nosotros no somos de los que retroceden para perdición, sino de los que tienen fe para preservación del alma."

En una misión de infantería, la instrucción más clara es no retroceder a menos que sea para reacomodarse estratégicamente. En combate real, retroceder sin orden es abandonar la misión y exponer al escuadrón. El creyente que ha sido equipado por Dios no fue llamado a huir cuando el camino se vuelve difícil. Retroceder en lo espiritual no es neutral; es peligroso, porque se pierde cobertura, visión y propósito. Avanzar, aunque sea lentamente, es mantenerse en línea con la misión del Reino.

Dios no nos llamó a tener una fe estática, sino progresiva. El mismo Espíritu que salva también capacita para avanzar en obediencia. Muchos quieren la armadura, pero no el movimiento; quieren la palabra, pero no el terreno. Pero la obediencia verdadera camina, aunque sea con dolor, aunque el terreno sea hostil. Como los soldados en marcha nocturna, seguimos avanzando aunque no veamos todo el camino.

Los soldados de élite entrenan para resistir presiones físicas y mentales prolongadas, y para seguir avanzando cuando el cuerpo pide detenerse. Esto refleja la realidad espiritual de muchos creyentes que atraviesan desiertos, pruebas y silencios divinos. En esos momentos, avanzar no siempre es conquistar, a veces es simplemente no abandonar. Dios honra al soldado que se niega a retroceder, aunque avance con lágrimas. El terreno conquistado en obediencia costará, pero será firme.

Un escuadrón que avanza sabe que cada paso es parte de la victoria, aunque no vea al enemigo caer de inmediato. En lo espiritual, muchos quieren resultados inmediatos, pero el Reino se expande en obediencia diaria. El avance espiritual no siempre se mide en milagros visibles, sino en fidelidad constante. A veces, el mayor testimonio no es lo que logras, sino que aún estás de pie. Permanecer avanzando es una señal de madurez y confianza en el Comandante.

Cuando un soldado retrocede sin orden, no solo se pone en peligro, sino que deja flancos abiertos a sus compañeros. El creyente que abandona su posición por falta de perseverancia afecta el cuerpo entero. El Reino opera con soldados que saben mantener su puesto. Dios está levantando una iglesia que avanza con determinación, sin ser movida por los vientos del miedo o la presión. Cada paso en obediencia es parte de una ofensiva espiritual mayor.

La obediencia que avanza no es emocional, es estratégica. Hay días en que no sentirás nada, pero igual debes caminar por la palabra dada. Un buen soldado no camina por sentimientos, sino por instrucciones. Así también, el creyente avanza con la certeza de que fue enviado, no con la comodidad de que todo está claro. La firmeza del paso depende de la confianza en el que dio la orden.

Dios no busca velocistas espirituales, sino soldados consistentes. No somos de los que retroceden, porque entendimos que no hay nada atrás que valga la pena. Cristo no nos llamó para admirar el terreno, sino para poseerlo. Cada paso de obediencia deja huellas para que otros sigan. Porque en este ejército del Reino, la única dirección aceptable es hacia adelante.

Movilidad espiritual estratégica

Números 9:23

Al mandato de Jehová acampaban, y al mandato de Jehová partían; guardaban la orden de Jehová, como Jehová lo había dicho por medio de Moisés.

En el ejército moderno, especialmente en unidades de infantería mecanizada o aerotransportada, la movilidad lo es todo. Saber cuándo avanzar, detenerse o redirigirse depende de una cadena clara de órdenes y de una lectura precisa del terreno. En el Reino espiritual, Dios también llama a su pueblo a una obediencia móvil: estar listo para moverse cuando Él lo diga. Quedarse cuando Dios dijo que camines es tan peligroso como correr cuando Él dijo que esperes. La estrategia de movilidad comienza con sensibilidad a la voz del Comandante Supremo.

En Números 9, el pueblo de Israel solo se movía cuando la nube se levantaba, y se detenía cuando la nube se detenía. Esa imagen refleja lo que es una vida espiritual que no se mueve por impulsos, sino por instrucciones. No todo avance es estratégico, y no toda pausa es pereza: ambas pueden ser obediencia si provienen de la dirección de Dios. En lo militar, muchas emboscadas han sido evitadas por saber esperar y otras victorias se han perdido por moverse antes de tiempo. El creyente maduro aprende que moverse sin dirección es exponerse sin respaldo.

Las operaciones modernas usan sistemas como GPS tácticos, inteligencia satelital y mapas digitales para guiar con precisión cada movimiento. En el Reino, el creyente debe desarrollar ese mismo nivel de discernimiento, pero basado en oración, palabra, y consejo espiritual. No basta con tener la armadura; hay que saber cuándo, cómo y hacia dónde moverse. La movilidad espiritual no es reacción, es estrategia. Los que solo reaccionan a las crisis, en lugar de moverse en visión, siempre llegan tarde al campo de batalla.

Un pelotón que se mueve fuera de tiempo puede romper la sincronización de toda la compañía. Por eso los líderes son entrenados para leer no solo su propia situación, sino el panorama completo de la misión. Espiritualmente, algunos creen que sus decisiones personales no afectan a otros, pero en el Reino todo está conectado. Una iglesia que se mueve fuera de la dirección del Espíritu pierde eficacia colectiva. La movilidad espiritual estratégica protege, ordena y fortalece al cuerpo de Cristo.

En combate, algunos soldados reciben órdenes de "reposicionamiento táctico", lo cual no es un retroceso, sino un avance inteligente desde otro ángulo. De la misma forma, hay momentos en que Dios cambia tu ubicación ministerial, emocional o espiritual no porque fallaste, sino porque es parte del plan. Obedecer esos reposicionamientos es vital para estar en el lugar correcto, en el tiempo correcto. Negarse a moverse cuando Dios lo pide es resistir el avance del Reino. Cada cambio de posición tiene un propósito mayor que lo que ves.

En los simulacros militares, se enseña a moverse en sincronía con la unidad, escuchando órdenes mientras se está en movimiento. La movilidad espiritual también requiere entrenar el oído en medio del movimiento. No es suficiente haber escuchado a Dios una vez; hay que seguir escuchándolo mientras se camina. Dios da instrucciones continuas, no solo iniciales. Los mejores soldados no son los que arrancan bien, sino los que siguen escuchando mientras avanzan.

Una iglesia inmóvil, o una vida espiritual estática, no representa bien al Reino que está en constante avance. Nuestro Dios es un Dios de movimiento, de expansión, de nuevos territorios. Pero no es cualquier movimiento, sino el que Él ordena.

Aprender a moverse estratégicamente es una señal de madurez espiritual y un requisito para la conquista. Porque las botas del evangelio no son para quedarse en una esquina, sino para caminar a la velocidad del Espíritu.

Terreno hostil, paso firme

Isaías 41:3

Los perseguirá, pasará en paz; por senda que sus pies

Uno de los mayores retos del infante moderno es moverse por terreno hostil: barro, selva, desierto, zonas urbanas con escombros o nieve profunda. No importa cuánto se prepare un soldado en teoría, es en el terreno real donde se prueba su entrenamiento. Del mismo modo, el cristiano es llamado a caminar por caminos que nunca ha pisado, confiando en que su Comandante va delante. La obediencia no siempre será en campos llanos; a veces será en trincheras, cuevas o escombros espirituales. Pero Dios promete paz incluso en rutas inexploradas.

La clave para avanzar en terreno difícil es confiar en el equipo provisto. En el ejército, las botas de combate están diseñadas para dar tracción, estabilidad y resistencia incluso en condiciones extremas. Espiritualmente, la fe activa y la obediencia continua son nuestras "botas" para no resbalar en los momentos más duros. La paz en medio de lo desconocido no viene de la lógica, sino de la confianza en Aquel que dirige el paso. Si Él lo ordenó, entonces el terreno es seguro, aunque parezca inestable.

En zonas de combate urbano, los soldados deben avanzar entre edificios colapsados, calles irregulares y fuego cruzado. Cada paso es planeado, cubierto por compañeros y guiado por inteligencia previa. En lo espiritual, el creyente muchas veces avanza en ambientes tóxicos, confusos o con oposición intensa. Pero el paso firme no es arrogancia, es obediencia respaldada por el cielo. La obediencia no elimina el peligro, pero garantiza que no estamos solos en el camino.

Las fuerzas especiales entrenan para moverse incluso con visión limitada, usando sensores, entrenamiento previo y memoria muscular. De igual forma, el creyente aprende a avanzar por fe, no por vista. A veces, Dios te hace caminar sin entender todo, pero eso también es parte del entrenamiento. Obedecer cuando no se ve nada desarrolla una fuerza interior que el enemigo no puede anticipar. El terreno hostil revela qué tan bien se han amoldado tus botas de obediencia.

Cada terreno tiene un ritmo distinto, y un buen soldado no camina igual en la selva que en el desierto. Hay temporadas donde Dios te lleva lento, pausado, pisando firme, y otras donde te lanza a correr. El creyente debe aprender a adaptar su paso al terreno, pero nunca detenerse sin orden. La obediencia no se mide en velocidad, sino en fidelidad al paso del Espíritu. La firmeza en el paso refleja madurez en la misión.

En medio de la batalla, muchos soldados dependen del “battle buddy”, el compañero que avanza a su lado. En el Reino, también caminamos en comunidad, apoyándonos, cubriéndonos y alentándonos unos a otros en medio del terreno difícil. El enemigo querrá aislarte, pero el paso firme también se construye con apoyo mutuo. Hay momentos donde el otro te ayuda a no caer, y tú ayudas a otro a no detenerse. Por eso, Dios nos puso en cuerpo, no en soledad.

El terreno hostil revela quién camina por emoción y quién camina por obediencia. Dios no necesita soldados de desfile, sino soldados de combate: los que pisan firme cuando todo tiembla. Cada zona difícil conquistada por obediencia se convierte en testimonio para otros. El paso firme en lo incierto es una declaración de fe al mundo espiritual. Porque aunque nuestros pies nunca hayan pasado por ahí, Él ya fue delante de nosotros.

Capítulo 8
El Cinturón Táctico de La Verdad

Efesios 6:14
"Estad, pues, firmes, ceñidos vuestros lomos con la verdad, y vestidos con la coraza de justicia."

Introducción del Capítulo 8

En la armadura antigua, el cinturón no era un adorno ni una pieza secundaria. Su función era vital: sujetaba el resto del equipo, servía como base para la espada y permitía libertad de movimiento al soldado. De igual manera, en el ejército moderno, el *utility belt* —el cinturón táctico— es donde se organizan las herramientas esenciales de supervivencia, comunicación y defensa. Sin ese cinturón, el soldado moderno estaría desprovisto de acceso rápido a elementos críticos. La verdad, para el cristiano, cumple exactamente ese rol estratégico.

La verdad no es solo un conjunto de doctrinas correctas, sino la esencia que mantiene unido todo lo que somos en Cristo. Un creyente puede tener coraza, escudo y espada, pero si no tiene un fundamento firme en la verdad, todo se desmorona. La mentira debilita la estructura espiritual, mientras que la verdad estabiliza la identidad y la misión. El enemigo de nuestras almas es, ante todo, padre de mentira; por eso, nuestra primera línea de defensa es la verdad. El cinturón táctico no embellece; **funciona**.

En el campo de batalla espiritual moderno, la desinformación, la distorsión doctrinal y el relativismo son armas del enemigo. La iglesia que no ama ni vive la verdad será fácilmente desorganizada, desorientada y derribada. No basta con saber versículos: hay que vivir una verdad encarnada, práctica y estructural. Es como el cinturón moderno que lleva agua, munición, radio, navaja, linterna y botiquín: si no está bien asegurado y listo, el soldado falla en momentos clave. La verdad debe estar ceñida firmemente, no colgando de manera simbólica.

El cinturón táctico también distribuye el peso del equipo, lo cual permite al soldado moverse con eficiencia. Así es
la verdad: nos da equilibrio, estabilidad emocional, coherencia espiritual y dirección clara. Muchos creyentes cargan grandes responsabilidades, pero sin fundamento en la verdad, lo que los hace vulnerables al colapso espiritual. El creyente que se ciñe con la verdad puede cargar, avanzar y sostener el peso de su llamado. Sin la verdad ceñida, todo se desajusta.

No podemos permitir que nuestra relación con la verdad sea superficial. Hoy más que nunca, se predican verdades a medias, interpretaciones manipuladas y versiones cómodas del evangelio. La verdad de Dios no necesita ser editada; necesita ser abrazada. Un soldado moderno no cuestiona si necesita su cinturón táctico: lo coloca antes que cualquier otro equipo. De igual manera, el creyente debe comenzar todo en su vida espiritual desde la verdad.

El cinto táctico moderno permite acceso inmediato a herramientas de vida o muerte; por eso debe estar bien ajustado. Así es la verdad: es lo primero que debe estar en su lugar antes de entrar en combate espiritual. Si la verdad se compromete, todo el uniforme se desbalancea y el enemigo gana ventaja. El cinturón de la verdad no es negociable; es una prioridad diaria. Es la base desde donde todo lo demás cobra sentido.

En este capítulo, estudiaremos cómo vivir con la verdad bien ceñida como un cinturón táctico. Veremos cómo afecta nuestro pensamiento, nuestra conducta y nuestra resistencia en batalla. Exploraremos el peligro de vivir sin ella y cómo cultivarla como parte vital del uniforme espiritual. Aprenderemos a verificar si estamos usando verdades reveladas por Dios o narrativas humanistas disfrazadas. Prepárate para asegurar tu cinturón: el combate que viene requerirá firmeza total.

La verdad como estructura de movilidad espiritual

Juan 8:32

Y conoceréis la verdad, y la verdad os hará libres.

En toda estructura de combate moderno, el cinturón táctico permite que el soldado se mueva ágilmente sin perder lo esencial. Así mismo, la verdad espiritual no nos restringe: **nos libera y nos sostiene mientras avanzamos**. Muchos ven la verdad como algo rígido, pero en realidad es lo que permite movimiento seguro sin desviarse. Sin la verdad bien afirmada en el alma, cada paso en el campo espiritual será tembloroso y torpe. La verdad, entonces, no solo informa —**estructura el avance**.

Cuando Jesús dijo que la verdad nos hace libres, hablaba de una libertad fundamentada, no una libertad anárquica. El mundo ofrece libertades sin estructura, pero terminan en caos y esclavitud. La libertad de Dios, basada en la verdad, permite avanzar con propósito sin desviarse del diseño original. El cinturón táctico se ajusta, no se improvisa; igual sucede con la verdad espiritual. El creyente que no se ajusta a la verdad quedará atrapado en sus emociones y no avanzará en la misión.

En el campo de batalla, un cinturón mal asegurado puede hacer que el soldado pierda herramientas vitales mientras corre o combate. Del mismo modo, quien no asegura la verdad en su corazón pierde herramientas espirituales cuando las circunstancias se tornan violentas. La verdad firme en el corazón asegura que en medio del caos no pierdas lo que te sostiene. Las emociones, opiniones o impulsos no son suficientes en medio del conflicto espiritual. Solo la verdad bien ajustada al corazón garantiza estabilidad bajo presión.

La iglesia que no ama la verdad está destinada a ser arrastrada por modas ideológicas y enseñanzas seductoras. Pablo advirtió que en los últimos tiempos muchos no soportarían la sana doctrina, sino que se amontonarían maestros conforme a sus deseos. Esa desviación ocurre cuando se suelta el cinturón de la verdad para abrazar ideas cómodas pero ineficaces. El movimiento sin verdad se convierte en extravío; no en avance. Por eso el soldado espiritual debe revisar a diario si está bien ceñido con la verdad.

La movilidad espiritual incluye obediencia rápida, adaptación bajo presión y avance constante en el propósito de Dios. Pero todo eso se desarma si no hay verdad sólida como base. Así como un soldado moderno no puede correr con un cinturón suelto, el cristiano no puede avanzar con convicciones tambaleantes. La verdad no es negociable porque sin ella todo se vuelve relativo y confuso. Asegurar la verdad no es legalismo, es supervivencia espiritual.

No se puede conquistar territorio nuevo si el creyente vive inseguro de su fundamento doctrinal. Muchas falsas doctrinas prosperan porque hay soldados que no aseguraron bien su cinturón. El vacío doctrinal abre puertas a distorsiones que paralizan el avance del evangelio. Si el enemigo logra que sueltes la verdad, te inmoviliza y eventualmente te derrota. El cinturón táctico espiritual mantiene tu visión, tu avance y tu enfoque firmes en medio del combate.

Por eso, este subcapítulo nos reta a revisar con seriedad nuestras convicciones. ¿Tenemos una relación emocional con la verdad o una sujeción voluntaria y estructural a ella? ¿Estamos viviendo por principios eternos o por opiniones pasajeras? La movilidad espiritual solo será posible cuando la verdad esté firmemente ceñida a nuestro carácter. Y como un cinturón bien puesto, esa verdad nos sostendrá en todo momento.

Múltiples herramientas en un solo sistema de sujeción

Proverbios 23:23

Compra la verdad, y no la vendas; La sabiduría, la enseñanza y la inteligencia.

El cinturón táctico moderno no solo sujeta el uniforme; es una plataforma para múltiples herramientas esenciales. Desde municiones hasta cuchillos, radios, linternas y botiquines, todo cuelga de esa base central. Así también, **la verdad no es un concepto aislado, sino la base que sostiene todas las demás virtudes espirituales**. Cuando se pierde la verdad, se cae la sabiduría, la doctrina y el discernimiento. Por eso Salomón advierte: “Compra la verdad y no la vendas”.

En la vida espiritual, muchas personas intentan sostener dones, ministerios o emociones sin estar sujetos a la verdad. Esto equivale a colgar equipo táctico de una cuerda frágil: tarde o temprano todo se caerá. El creyente que ama la verdad puede manejar la revelación, la profecía, la unción y la autoridad sin desbalancearse. Las herramientas espirituales pesan, y **solo un cinturón de verdad bien asegurado puede sostenerlas sin romperse**. Sin la verdad, las herramientas se convierten en riesgos.

El problema de muchos soldados espirituales es que quieren acceso a las armas del Reino sin pagar el precio de vivir en la verdad. No se trata solo de tener dones, sino de tener carácter para sostener lo que se ha recibido. El cinturón táctico no se gana por lujo, sino por necesidad de carga. Igualmente, el acceso a herramientas espirituales depende del compromiso con la verdad. Un soldado sin cinturón es vulnerable; un cristiano sin verdad es inefectivo.

Cada herramienta tiene su lugar, y un cinturón desordenado estorba en vez de ayudar. La verdad no solo sostiene, **organiza la operación espiritual**. Cuando hay verdad, hay orden. Cuando hay orden, hay efectividad. Una vida ceñida con la verdad sabe cuándo usar cada herramienta con sabiduría.

Muchas veces se desea más poder espiritual, pero no se evalúa si el cinturón de la verdad puede sostenerlo. Dios no sobrecarga a quien no ha establecido una base sólida en la verdad. La revelación mal sostenida se convierte en orgullo. El don sin fundamento se convierte en escándalo. Pero el que ama la verdad puede manejar autoridad sin ser corrompido por ella.

Los soldados del Reino deben saber que sin la verdad, los recursos que Dios les entrega se convertirán en estorbos o en armas mal utilizadas. La base doctrinal, la vida íntegra, y la humildad frente a la Palabra son parte del cinturón de la verdad. Quien quiera avanzar en el Reino debe revisar qué está sosteniendo su ministerio. Si es fama, si es emoción, si es aceptación humana, entonces ese cinturón no es de verdad. Y si no es de verdad, se romperá tarde o temprano.

Al final, no se trata de cuántas herramientas tengamos, sino de qué tan firmes y útiles son en combate. El cinturón táctico espiritual debe ser confiable en movimiento, en batalla y en descanso. Debe poder soportar el peso de lo que Dios ha puesto en nosotros sin desajustarse. Esa es la verdad: confiable, firme, práctica y funcional. Por eso debemos abrazarla con celo y nunca soltarla.

La verdad como soporte en movimiento y combate

Salmos 26:3

Porque tu misericordia está delante de mis ojos, y ando en tu verdad.

En el campo de batalla, el cinturón táctico no puede limitar la movilidad del soldado. Al contrario, debe facilitar la rapidez de movimientos sin comprometer la seguridad del equipo. En la vida espiritual, la verdad no es algo que nos inmoviliza, sino que **nos permite avanzar con estabilidad en medio del conflicto**. Sin ese soporte firme, cada paso en la batalla sería una amenaza. La verdad nos da la libertad de movernos sin miedo a perder lo que portamos.

David declara que andaba en la verdad, y eso no es una declaración poética, sino una estrategia de guerra. Andar en la verdad implica caminar con seguridad, actuar con transparencia, y vivir con rectitud. En medio de las mentiras del enemigo, andar en la verdad nos convierte en soldados firmes y confiables. Así como un cinturón táctico bien ajustado no se tambalea al correr, **la verdad en nosotros no se desvanece cuando la presión aumenta**. Es una verdad vivida, no solo sabida.

Muchos batallan espiritualmente no por falta de armas, sino porque no tienen el soporte de la verdad en sus decisiones. Cuando el enemigo acusa, la verdad defiende. Cuando el enemigo miente, la verdad aclara. Cuando el enemigo ataca, la verdad estabiliza. Es el soporte invisible pero esencial de toda batalla ganada.

Los soldados que abandonan la verdad por conveniencia pierden más que una batalla; pierden su identidad. El cinturón de la verdad representa el compromiso del soldado con su misión, su moral y su integridad. No se puede servir en el ejército del Señor con un cinturón flojo o falso. **La verdad se ajusta con oración, se asegura con obediencia, y se prueba en la batalla.** Y una vez colocada, no se debe remover jamás.

En movimientos rápidos, cuando la estrategia cambia, lo único que no cambia es el cinturón. El arma puede variar, la posición puede rotar, pero **el cinturón permanece como punto de referencia**. Así también, en temporadas cambiantes, la verdad debe seguir siendo nuestro eje. Cuando otros se ajustan a las modas, nosotros permanecemos ceñidos con la verdad eterna de Dios. Eso da confianza, autoridad y testimonio firme.

No existe soldado en combate que olvide verificar su cinturón antes de salir al terreno, esto es algo vital, ya que en el momento de Batalla no hay tiempo para pensar, solo actuar. El creyente tampoco debe enfrentar un nuevo día sin verificar si sigue ceñido en la Verdad, el conocer bien la verdad es como tener todo lo que necesitamos en medio de una situacion dificil donde una mala decision puede costar una caida. Antes de hablar, de actuar o de decidir, debemos revisar si estamos alineados con la Palabra. La mentira, la manipulación o la apariencia son enemigas del cinturón espiritual. **La verdad, en cambio, es nuestra seguridad silenciosa.**

Cuando caminamos en la verdad, incluso si caemos, nos levantamos rápido porque no hemos soltado el cinturón. En el fragor de la batalla espiritual, lo que nos mantiene útiles y activos es el soporte interno de vivir en la verdad. La misericordia de Dios va delante de nosotros, pero
nuestro andar debe ir ceñido por su verdad. Sin ese soporte, toda herramienta pierde efectividad. Con ese soporte, **cada paso en el Reino tiene firmeza, impacto y respaldo divino.**

Capítulo 9
El Casco de Comunicación y Protección Mental

Filipenses 4:7
Y la paz de Dios, que sobrepasa todo entendimiento, guardará vuestros corazones y vuestros pensamientos en Cristo Jesús.

Introduccion del Capitulo 9

El soldado moderno no entra al campo de batalla sin su casco. No se trata solamente de protección física, sino de un centro de conexión que integra sistemas de comunicación, visión nocturna y sensores. Así también, el casco espiritual no es solo para proteger la mente, sino para mantenernos conectados con la voz del Comandante Supremo. En un mundo saturado de información, ideologías y ruidos, la iglesia necesita un casco que filtre y enfoque. Nuestra mente no es solo un blanco del enemigo, es un campo de operaciones estratégicas.

En la antigüedad, el casco era una pieza de hierro que protegía al guerrero de golpes mortales. Hoy, en el campo de batalla moderno, los cascos están hechos de materiales como kevlar o polímeros resistentes, y permiten conexión por radio, GPS y sistemas de alerta. Así es nuestra batalla espiritual: requerimos una mente renovada, protegida, y conectada directamente con el cielo. Un casco espiritual que nos aísle del caos, y a la vez, nos mantenga en comunicación directa con Dios. No podemos darnos el lujo de pensar como civiles mientras estamos en guerra.

La guerra moderna ha enseñado que el combate no solo destruye cuerpos, sino mentes. El trauma, el estrés postraumático, la confusión táctica y la desinformación pueden neutralizar incluso al soldado más entrenado. En lo espiritual sucede lo mismo: muchos creyentes están paralizados no por falta de poder, sino por pensamientos erróneos, mentiras del enemigo y confusión mental. Por eso, el casco de salvación es una necesidad crítica, no un accesorio opcional. Dios no solo quiere tu corazón; quiere tu mente firme, clara y alineada.

Una de las grandes trampas del enemigo es infiltrar pensamientos que parecen lógicos pero que son contrarios a la verdad de Dios. El casco evita que esas ideas se filtren y contaminen la fe. Una mente protegida es una mente que no se rinde fácilmente, que no cae en desesperación, ni duda de la voz de Dios en medio del fuego. Cada pensamiento debe ser evaluado bajo la luz de la Palabra, y eso solo es posible cuando estamos espiritualmente cubiertos. El casco es tanto defensivo como preventivo.

Además de protección, el casco en el ejército moderno es una herramienta de comunicación constante. Así es en lo espiritual: el creyente debe mantener comunicación directa con el Espíritu Santo. Cuando se rompe esa conexión, la confusión y el aislamiento espiritual se convierten en el terreno ideal para el ataque enemigo. La oración y la meditación en la Palabra mantienen abierta esa frecuencia. Por eso, cuidar la mente es cuidar la línea directa con el cielo.

El casco también representa enfoque. En el fragor del combate, perder el enfoque es perder la vida. Espiritualmente, muchos caen no por falta de intención, sino por distracción. El casco ayuda a bloquear lo innecesario y a mantenernos atentos a la misión. Sin esa cobertura, cualquier estímulo puede convertirse en una trampa mortal para nuestra alma.

Este capítulo te enseñará que el casco espiritual no es solo una pieza del uniforme, sino una línea de vida. Aprenderás a proteger tu mente, a filtrar tus pensamientos y a mantenerte conectado con la voluntad de Dios. En esta batalla, pensar como el cielo es sobrevivir. La transformación no empieza en las manos ni en los pies, sino en la mente. Prepárate para ponerte el casco y avanzar con claridad, convicción y conexión divina.

Comunicación segura en medio del campo de batalla

Isaías 30:21

Entonces tus oídos oirán a tus espaldas palabra que diga: Este es el camino, andad por él; y no echéis a la mano derecha, ni tampoco torzáis a la mano izquierda.

La comunicación en un ejército puede marcar la diferencia entre la vida y la muerte. En el contexto espiritual, escuchar la voz de Dios en medio del caos es fundamental para no caer en trampas o tomar decisiones erradas. Un soldado sin comunicación clara con su comando está expuesto, desorientado y vulnerable, igual que un creyente que no aprende a discernir la voz del Espíritu. El casco no solo protege la mente del creyente de pensamientos destructivos, sino que también actúa como una antena espiritual que capta las instrucciones del Comandante Supremo. Por eso, cultivar una vida de oración, silencio interior y obediencia es vital para mantener una línea directa con Dios.

Dios no se comunica en confusión; su voz es clara para quienes están en sintonía con Él. Muchos creyentes viven en ansiedad y confusión porque tienen interferencias espirituales que bloquean la recepción de Su dirección. El casco simboliza una cobertura que filtra lo que entra a la mente: protege de la mentira del enemigo y afina la percepción espiritual. En la guerra espiritual, no basta con tener fe; necesitamos dirección clara, y esa dirección viene de una mente renovada y protegida. Por eso, renovar nuestro entendimiento según la Palabra es una estrategia de combate, no una sugerencia devocional.

La comunicación segura en el campo de batalla incluye saber cuándo hablar, cuándo callar y cuándo escuchar órdenes. Muchos han sido heridos o han fracasado espiritualmente por hablar fuera de tiempo o por actuar sin haber recibido instrucciones. El Espíritu Santo no es un lujo; es nuestro oficial de comunicaciones.

A través de Él, recibimos inteligencia espiritual en tiempo real. Cada decisión debe pasar por el filtro de la Palabra y la confirmación del Espíritu.

El enemigo usa confusión, distracción y ruido como herramientas para romper la comunicación con Dios. El casco de la salvación actúa como aislante de las voces del mundo, del pasado y del miedo. En un tiempo donde la información abunda pero la verdad escasea, el creyente debe cuidar qué entra por sus oídos y permanece en su mente. Dios todavía habla, pero no todo lo que se oye viene de Él. Por eso, necesitamos discernimiento y cobertura mental.

Cuando un soldado se encuentra bajo fuego, su primer instinto no es avanzar a ciegas, sino contactar a su unidad. De igual forma, cuando estamos en crisis espiritual, nuestra respuesta debe ser orar antes de actuar. La mente es el blanco principal del enemigo, porque desde ahí se gobierna todo el cuerpo. El casco es una declaración de que nuestra mente pertenece a Cristo, y no será gobernada por el miedo, la duda o el orgullo. Con una mente firme, la comunicación con Dios permanece clara.

La comunicación no es solo recibir, sino también responder correctamente. Muchos escuchan a Dios pero no obedecen porque sus pensamientos no han sido alineados con Su voluntad. El casco nos ayuda a procesar lo que Dios dice, a desechar lo que no edifica, y a actuar con sabiduría. En una guerra, una instrucción mal entendida puede causar bajas innecesarias. En la vida cristiana, una mala interpretación espiritual puede causar desviación doctrinal o emocional.

Finalmente, recordemos que el Espíritu Santo no solo nos habla, sino que nos recuerda, nos guía y nos convence. Una mente abierta a Su dirección es un arma poderosa contra el error y la confusión. Quien mantiene su casco puesto no es manipulado por emociones, redes sociales o filosofías humanas. La comunicación segura no es automática: es intencional, se cultiva, se protege. Mantén la línea abierta con tu Comandante, y no serás sorprendido en el campo de batalla.

Protección mental en el combate moderno

2 Corintios 10:5

derribando argumentos y toda altivez que se levanta contra el conocimiento de Dios, y llevando cautivo todo pensamiento a la obediencia a Cristo.

En el campo de batalla, la cabeza es una de las áreas más vulnerables y, por eso, más protegidas. En la vida espiritual, la mente representa el centro de mando, el lugar donde se procesan pensamientos, decisiones y convicciones. El casco moderno, hecho de kevlar y otros materiales avanzados, protege contra esquirlas, balas y explosiones. De manera similar, el casco espiritual protege contra pensamientos destructivos, dudas persistentes, y ataques emocionales que buscan desestabilizarnos. No se trata solo de tener fe en el corazón, sino de tener firmeza en la mente.

La protección mental no es una reacción, sino una preparación. Un soldado no se pone el casco cuando ya está herido; lo usa antes del combate. En la misma forma, el creyente debe anticipar que vendrán pensamientos erróneos, mentiras y ataques del enemigo, y debe estar cubierto desde el principio del día. Orar, meditar en la Palabra, y declarar la verdad sobre nuestra vida son prácticas que fortalecen esa cobertura. Una mente sin protección se convierte en un terreno fértil para el miedo, el resentimiento, el orgullo o la confusión doctrinal.

El enemigo moderno ataca principalmente con información distorsionada, emociones manipuladas y presión cultural. Es una guerra psicológica, donde el objetivo no es solo hacerte caer, sino hacerte creer que ya estás derrotado. El casco de salvación representa la seguridad de nuestra identidad en Cristo, una cobertura que neutraliza los pensamientos que nos alejan de esa verdad. No es solo saber que somos salvos, sino pensar como salvos, actuar como redimidos y decidir como hijos del Rey.

La mente es también el lugar donde se gestan nuestras reacciones ante las ofensas, los fracasos y los frentes de batalla inesperados. Un casco mal asegurado puede moverse con cualquier golpe, pero uno bien ajustado protege incluso en el caos. De igual modo, el creyente debe afirmarse en la verdad, para que en medio de las pruebas no reaccione carnalmente, sino espiritualmente. La protección mental es una armadura invisible pero indispensable.

El campo de batalla moderno exige agilidad mental, discernimiento y resistencia emocional. Dios no nos ha dado espíritu de cobardía, sino de poder, amor y dominio propio, y eso incluye gobernar nuestros pensamientos. Aprender a hablarle a nuestra mente, en vez de escuchar todo lo que ella grita, es parte del entrenamiento espiritual. El casco no elimina el ruido, pero impide que ese ruido penetre hasta el alma. Por eso, debemos estar conscientes de lo que pensamos, y alinear cada idea con el carácter de Cristo.

Los soldados más eficaces no son necesariamente los más fuertes físicamente, sino los más estables mentalmente. Así también en el Reino: quienes triunfan no son siempre los más carismáticos, sino los más constantes en su pensamiento. La estabilidad mental no es ausencia de lucha, sino presencia de convicciones inquebrantables. Cuando la mente está firme en el Señor, el enemigo se frustra, porque no puede controlar lo que ya está sujeto a Cristo. Esa firmeza es el fruto de una protección intencional.

Por último, debemos entender que una mente protegida produce una vida ordenada. Como piensa el hombre en su corazón, así es él. Si protegemos nuestros pensamientos, protegemos nuestras palabras, nuestras relaciones y nuestras decisiones. El casco es símbolo de una mente sujeta, renovada, enfocada. No es un adorno espiritual, es una necesidad diaria. Sin protección mental, el enemigo gana sin disparar un solo tiro. Con el casco bien puesto, ninguna mentira prosperará.

Preparación diaria para batallas mentales

Efesios 4:23

y renovaos en el espíritu de vuestra mente.

Una de las claves del éxito en cualquier misión militar es la preparación anticipada. Los soldados no esperan a estar en el campo de batalla para revisar su equipo; lo hacen con antelación, revisando cada componente con disciplina. De igual manera, el creyente debe revisar cada mañana el estado de su mente, su enfoque, sus pensamientos dominantes. El casco espiritual no se ajusta solo; requiere que el cristiano se alinee con la verdad cada día. Esta preparación mental es una decisión intencional que determina nuestra efectividad en el día a día.

La mente, si no se disciplina, puede vagar entre el pasado que nos culpa y el futuro que nos preocupa. La preparación diaria consiste en recordarle al alma quién es su Dios, qué dice la Palabra y hacia dónde va nuestra misión. No es simplemente tener pensamientos positivos, sino pensamientos bíblicos. La fe comienza con la forma en que pensamos, porque nuestras decisiones son el reflejo directo de nuestras convicciones internas. Por eso, la batalla más importante muchas veces no está afuera, sino en la mente.

Orar en la mañana es vital, pero también lo es meditar intencionalmente en la verdad. Un casco puede estar presente, pero si no se ajusta bien, puede ser inútil. Así también la verdad puede estar en la Biblia, pero si no la interiorizamos, no protegerá nuestra mente. Prepararnos es más que repetir versos, es alinearnos con ellos, asumirlos como escudo y base de nuestro razonamiento. La preparación mental diaria no es opcional; es un escudo contra el desgaste emocional, las ofensas cotidianas y la presión cultural que nos rodea.

Los ataques mentales muchas veces no son evidentes, sino sutiles: pensamientos que cuestionan nuestro valor, dudas que siembran temor, comparaciones que nos drenan el gozo. La preparación diaria nos permite detectar esas trampas antes de que echen raíces. Así como un soldado limpia y calibra su equipo, el creyente debe limpiar su mente de toda contaminación y calibrarla con la verdad. Este proceso requiere consistencia, no perfección, y Dios honra a los que se preparan con sinceridad.

Cuando el creyente no se prepara mentalmente, tiende a reaccionar en lugar de responder espiritualmente. El desánimo entra más fácil, las heridas pesan más, y las mentiras del enemigo suenan más creíbles. Pero cuando estamos preparados, nuestras emociones no dominan nuestras decisiones, ni nuestras circunstancias definen nuestro ánimo. Somos guiados por la verdad, no por la presión. La preparación mental diaria transforma al cristiano débil en un soldado resistente.

La práctica constante forma convicción. La mente entrenada espiritualmente no se doblega fácilmente, ni se rinde ante la duda. Prepararnos diariamente con la Palabra, la oración y la comunión con Dios fortalece nuestras defensas y mantiene nuestra visión clara. El soldado que no revisa su equipo está en riesgo, y el creyente que no examina su mente camina expuesto. Este entrenamiento diario es parte de nuestra fidelidad a Dios.

En última instancia, la preparación mental diaria es una expresión de obediencia y amor. Es reconocer que el campo de batalla es real, que el enemigo no descansa, y que nuestra victoria comienza con una mente renovada. El casco del creyente es más que protección; es una declaración de que estamos conscientes del peligro y listos para la misión. Hoy más que nunca, Dios busca soldados que se preparen cada mañana con seriedad, porque el que se prepara con fe, pelea con firmeza.

Parte 3
Herramientas Avanzadas en la Expansión del Evangelio

Capítulo 10
El Radar Espiritual: Discernimiento en un Campo de Batalla Invisible

Hebreos 5:14
"Pero el alimento sólido es para los que han alcanzado madurez, para los que por el uso tienen los sentidos ejercitados en el discernimiento del bien y del mal."

Introducción del Capitulo 10

La guerra moderna no se gana únicamente con fuerza bruta, sino con inteligencia táctica y precisión. En el campo espiritual sucede lo mismo: no podemos enfrentar lo invisible con herramientas naturales. Es aquí donde el discernimiento se convierte en nuestro radar, una herramienta vital que detecta amenazas ocultas, revela intenciones disfrazadas y nos guía con precisión en el caos. El discernimiento no es sospecha ni intuición humana, sino la capacidad dada por el Espíritu para ver más allá de la superficie. En un mundo saturado de información, emociones y distracciones, discernir es más vital que nunca.

En las operaciones militares modernas, el radar permite detectar enemigos antes de que sean visibles al ojo humano. De igual forma, el discernimiento espiritual permite al creyente anticipar movimientos del enemigo, detectar engaños doctrinales y diferenciar lo que viene de Dios de lo que es manipulación humana. Sin esta herramienta, la iglesia camina a ciegas y toma decisiones basadas en impulsos, carismas o modas. El discernimiento protege la pureza del mensaje y la dirección del cuerpo de Cristo. Ignorarlo es abrir la puerta al sabotaje espiritual.

Hoy, muchas batallas se pierden no por falta de fuerza, sino por falta de claridad. Decisiones erróneas, alianzas equivocadas, palabras mal dirigidas, y prioridades trastocadas son todas señales de ausencia de discernimiento. La madurez espiritual no se mide por el tiempo en la iglesia, sino por la capacidad de distinguir entre lo correcto y lo dañino, entre lo espiritual y lo emocional. El discernimiento nos permite no ser movidos por apariencias ni manipulados por el ruido. Nos da visión espiritual en medio de la niebla de guerra.

El radar espiritual no es opcional para el creyente comprometido; es una urgencia. En un tiempo donde el mal se disfraza de bien, y donde los enemigos a menudo se camuflan con lenguaje cristiano, el discernimiento es un arma de defensa avanzada. Esta herramienta no solo nos advierte, sino que también nos guía hacia la estrategia correcta, mostrándonos cuándo hablar, cuándo callar, y cuándo movernos. Muchos ministerios han sido destruidos por falta de esta sensibilidad. El discernimiento es tan crucial como la fe, la oración o el conocimiento bíblico.

El enemigo opera en la oscuridad y la confusión; por eso su primer objetivo es apagar el radar espiritual del creyente. Esto lo hace con emociones descontroladas, saturación de actividades, orgullo espiritual o ruido constante. Cuando esto ocurre, el cristiano se convierte en blanco fácil, sin defensa ni dirección. Pero cuando el discernimiento está activo, todo lo que el enemigo oculta sale a la luz. El Espíritu Santo no solo consuela, también alerta y revela.

En tiempos bíblicos, los profetas eran como radares humanos. Percibían lo que otros no veían, detectaban contaminación espiritual y hablaban lo que Dios mostraba. Hoy, todo creyente tiene acceso a ese mismo Espíritu. Aunque no todos son profetas, todos pueden discernir si están conectados y ejercitados espiritualmente. El problema no es falta de acceso, sino falta de uso y entrenamiento. Por eso, este capítulo busca reactivar esa herramienta olvidada en muchos.

A lo largo de este capítulo exploraremos cómo opera el discernimiento espiritual, cómo se activa y cómo se entrena. Veremos sus aplicaciones tanto personales como congregacionales, y cómo evitar los peligros de un "falso discernimiento" motivado por sospecha o religiosidad. En un mundo donde las apariencias engañan y los mensajes se mezclan, Dios está levantando un ejército que no será manipulado por el enemigo. Este ejército necesita radar, no solo armamento. Prepárate para activar el discernimiento y entrar en una nueva dimensión de visión espiritual.

Escaneo de amenazas: Detectando el movimiento enemigo antes de tiempo

2 Corintios 2:11

para que Satanás no gane ventaja alguna sobre nosotros; pues no ignoramos sus maquinaciones.

El radar en una operación militar no reacciona al ataque, lo anticipa. Su función es detectar movimiento enemigo antes de que cruce el umbral de daño, dando tiempo para preparar una respuesta táctica. En la vida espiritual, el discernimiento opera de la misma manera: capta señales del enemigo antes de que las consecuencias sean irreversibles. No se trata de adivinación, sino de sensibilidad al patrón repetitivo del enemigo, a las señales espirituales que el creyente maduro aprende a identificar. El discernimiento escanea la atmósfera espiritual y enciende alarmas cuando algo no está alineado con el propósito de Dios.

Muchos creyentes reaccionan solo cuando el daño ya está hecho, precisamente porque su radar espiritual está desactivado. La falta de discernimiento ha permitido infiltraciones doctrinales, relaciones tóxicas y decisiones fuera de la voluntad de Dios. Si tan solo se ejercitara el espíritu para captar los primeros indicios, muchas heridas se evitarían. El discernimiento no apaga emociones, las redirige con base en la verdad espiritual. Es un sistema de defensa anticipada diseñado por Dios para protegernos.

En el ejército, cuando un radar detecta movimiento, se validan los datos, se confirma la amenaza y se envía la alerta. El cristiano debe hacer lo mismo: validar lo percibido, orar, y actuar según dirección divina. No todo lo que parece una amenaza lo es, y no todo lo que aparenta paz es seguro. El discernimiento escanea no solo lo externo, sino también las intenciones. Dios quiere formar creyentes que no sean ingenuos, sino estrategas espirituales con radar activo.

Hay momentos donde el discernimiento nos salva sin que lo sepamos. Una relación evitada, una puerta cerrada, una palabra retenida: todo eso puede ser producto de un radar espiritual que, sin ruido, hizo su trabajo. El discernimiento bien ejercitado evita que el enemigo gane terreno en lo personal, lo familiar y lo ministerial. A veces el Espíritu nos inquieta sin darnos todos los detalles, pero esa inquietud es ya una advertencia suficiente. Ignorarla es caminar voluntariamente hacia una trampa. Un ejército sin vigilancia será derrotado sin haber disparado.

El radar espiritual necesita calibración continua. Esto se logra con oración constante, ayuno, exposición a la Palabra y obediencia progresiva. Así como un radar mal alineado puede dar falsos positivos o no detectar nada, el discernimiento deformado por el orgullo, la religiosidad o el trauma también puede fallar. Solo quien está íntimamente conectado con Dios podrá distinguir entre sus emociones y la voz del Espíritu. Este tipo de sensibilidad se cultiva, no se improvisa. Y Dios está buscando soldados que no dependan de sensores humanos, sino de tecnología espiritual avanzada.

Muchos líderes han caído porque ignoraron las señales tempranas. Ignoraron sueños, advertencias proféticas, conflictos internos o impresiones espirituales. El discernimiento no siempre es espectacular; muchas veces es silencioso, pero contundente. Como un radar que emite ondas invisibles, el creyente discernidor lanza oraciones que rebotan y revelan lo oculto. Esta es una disciplina espiritual que salva vidas, ministerios y generaciones enteras.

Por último, escanear las amenazas no significa vivir en paranoia espiritual, sino en alerta con propósito. La vigilancia no es desconfianza generalizada, sino sensibilidad santificada. Un ejército que duerme será emboscado; una iglesia que discierne será imbatible. El discernimiento no es un lujo de los espirituales, es una necesidad para todo creyente. Si no ves al enemigo venir, ya estás en peligro.

Navegación en terreno minado: Decisiones con visión y no por instinto

Proverbios 3:6

Reconócelo en todos tus caminos, y él enderezará tus veredas.

En el terreno militar, un campo minado no se cruza con rapidez ni por emoción, sino con técnica, guía e inteligencia. Cada paso debe ser medido, cada decisión evaluada, porque un movimiento en falso puede ser fatal. En el campo espiritual ocurre lo mismo: muchas decisiones aparentan ser seguras, pero están cargadas de consecuencias invisibles. El discernimiento no solo detecta al enemigo, sino que nos dirige por senderos seguros, aun cuando no entendemos la ruta. Esta es la navegación que proviene de confiar en el radar divino, no en nuestros sentidos humanos.

Muchas veces, el creyente se deja llevar por el instinto, por la oportunidad o por la emoción del momento. Sin embargo, la Biblia no nos llama a caminar por emociones, sino por fe informada por el Espíritu. El discernimiento es la brújula que nos evita caer en la trampa de decisiones apresuradas, alianzas incorrectas y puertas que Dios nunca abrió. Dios no guía con confusión, sino con paz; no con presión, sino con convicción. Las decisiones que nacen del discernimiento producen fruto y paz a largo plazo.

En misiones militares, los pelotones que navegan campo minado tienen expertos en desactivación que evalúan cada paso antes de avanzar. El creyente maduro desarrolla ese mismo rol en lo espiritual: antes de tomar una decisión, busca al Espíritu, evalúa las señales y espera confirmación. El discernimiento no compite con la lógica, pero la trasciende cuando la lógica ya no es suficiente. Cada creyente necesita entrenarse en esta disciplina para no depender solo de líderes, sino del Espíritu que habita en él.

A veces lo más peligroso no es el terreno, sino la prisa por avanzar. Hay personas que se frustran con las pausas de Dios, sin saber que Él los está protegiendo de una mina espiritual. El discernimiento nos enseña a valorar el tiempo de espera, el silencio de Dios y las advertencias sutiles. Las decisiones más sabias son las que nacen de una pausa a tiempo, no de un impulso rápido. Esto requiere humildad, algo que el discernimiento siempre activa.

Hoy hay muchos caminos aparentemente buenos, pero que terminan en desastre espiritual. Algunas oportunidades ministeriales, relaciones o incluso bendiciones pueden ser minas disfrazadas. El discernimiento revela si algo es una bendición de Dios o una distracción del enemigo. No todo lo que brilla viene del cielo, y no todo lo que impresiona viene del Espíritu. Solo una vida con el radar espiritual activo puede navegar con seguridad.

El creyente que discierne desarrolla una conciencia dirigida por el Espíritu y no por su historia emocional. Las heridas del pasado pueden nublar el juicio, pero el discernimiento redime nuestra perspectiva y nos alinea con la voluntad de Dios. Es como tener visión nocturna en un campo oscuro; aunque los demás no entiendan nuestras decisiones, nosotros sabemos que obedecemos una guía superior. Esta clase de obediencia trae dirección sobrenatural. Donde otros fracasan, el discernidor avanza con seguridad.

Por eso, la navegación espiritual no es una aventura azarosa, sino una marcha táctica dirigida por el cielo. El creyente discernidor no se apresura, pero tampoco se estanca. Avanza al ritmo del Espíritu, confiando en que cada paso será afirmado. Las decisiones dejan de ser reactivas y se convierten en respuestas guiadas. Ese es el poder de navegar con discernimiento: moverse con precisión divina en medio del caos.

Fuego amigo y camuflaje enemigo: Cuando lo espiritual se disfraza

2 Corintios 11:14

Y no es maravilla, porque el mismo Satanás se disfraza como ángel de luz.

Una de las amenazas más letales en cualquier campo de batalla es el "fuego amigo": ataques que provienen de aliados mal informados o mal posicionados. En el ámbito espiritual, esta realidad también existe. A veces el daño más profundo no viene del enemigo declarado, sino de voces internas de la iglesia que, sin saberlo, se convierten en instrumentos de confusión. El discernimiento permite identificar estas situaciones sin caer en juicio ni en paranoia, protegiendo la unidad sin sacrificar la verdad. Sin él, muchos terminan heridos por quienes debieron protegerlos.

El enemigo ha perfeccionado el arte del camuflaje. No se presenta con cuernos y tridente, sino con versículos fuera de contexto, carismas llamativos y apariencias piadosas. En la guerra moderna, los soldados aprenden a detectar camuflajes mediante lentes térmicos o sensores químicos. El creyente tiene algo superior: el Espíritu Santo, que revela lo oculto y desmantela la fachada. Pero este radar no funciona si no hay conexión y sensibilidad. Sin discernimiento, los lobos entran como si fueran pastores y las doctrinas tóxicas como si fueran verdades profundas.

Muchos ataques a la iglesia no vienen del mundo, sino desde púlpitos contaminados. La Palabra es manipulada, la adoración emocional sustituye la convicción, y la popularidad reemplaza la santidad. Sin discernimiento, el pueblo de Dios consume lo que aparenta ser espiritual, pero en realidad es una mezcla letal. El discernimiento no solo protege al individuo, sino a la iglesia como cuerpo. Detectar el fuego amigo y el camuflaje enemigo es una tarea crítica para mantener la pureza y la efectividad de la misión.

El problema es que muchos confunden amor con tolerancia, y discernimiento con juicio carnal. El discernimiento genuino no destruye, sino que alerta, redirige y protege. No se basa en emociones, sino en la Palabra y en la dirección del Espíritu. El creyente que discierne no es pesimista, es estratégico. No ve demonios en todo, pero tampoco ignora las señales. Vive con los ojos abiertos y el corazón alineado con el cielo.

En lo espiritual, no todo lo que se mueve es del Espíritu. La actividad no siempre es señal de unción, ni el crecimiento evidencia de verdad. Hay iglesias llenas y ministerios visibles que operan sin presencia divina. Solo el discernimiento puede revelar si hay vida detrás del movimiento. El radar espiritual no se activa solo en cultos, sino en conversaciones, decisiones, asociaciones y transmisiones digitales. Todo debe pasar por el filtro del Espíritu.

El fuego amigo no siempre es intencional; muchas veces es fruto de ignorancia espiritual. Personas sinceras pero no maduras pueden ser canales de distracción o desvío. El discernimiento no condena, pero sí corrige el curso. Y el discernimiento también protege al discernidor de caer en cinismo o aislamiento. Se puede ser sabio sin ser duro, y se puede ser firme sin perder la mansedumbre. Eso es fruto de una vida entrenada en las trincheras espirituales.

En un tiempo donde lo falso se viraliza más rápido que lo verdadero, el discernimiento se vuelve una necesidad de supervivencia espiritual. No es solo para pastores o profetas, sino para todo creyente que no quiere ser parte del daño colateral en la batalla. Este radar espiritual nos ayuda a mantenernos firmes, puros y útiles. La iglesia que discierne, avanza sin bajas innecesarias. Y ese es el tipo de iglesia que Dios está levantando en esta hora.

Capítulo 11
Misiles de Precisión: La Oración Estratégica

Santiago 5:16
"La oración eficaz del justo puede mucho."

Introduccion del Capitulo 11

La oración no es simplemente una expresión devocional; en el campo de batalla espiritual, es un arma de largo alcance con poder destructivo específico. Así como los ejércitos modernos emplean misiles guiados por satélite para alcanzar blancos concretos sin causar daño colateral, la oración estratégica permite al creyente impactar directamente en el corazón del conflicto. No se trata solo de hablar con Dios, sino de ejecutar asignaciones espirituales con dirección, intención y poder. Las oraciones al azar tienen su lugar, pero las oraciones dirigidas con discernimiento son las que desatan cambios reales en el terreno. Esta clase de oración no nace de la emoción, sino del conocimiento espiritual y la obediencia activa.

En la guerra moderna, los sistemas de inteligencia y vigilancia determinan los objetivos antes de lanzar un ataque. El creyente también debe aprender a orar con inteligencia espiritual, discerniendo no solo qué pedir, sino cuándo y cómo. Una iglesia que ora sin estrategia es como un ejército que dispara sin apuntar. Pero cuando el pueblo de Dios se alinea con el propósito del cielo, cada oración se convierte en un misil de precisión que destruye fortalezas, libera territorios y protege vidas. Orar estratégicamente no es una opción para los tiempos finales; es una necesidad urgente.

Muchos cristianos oran, pero pocos impactan. La diferencia no está en la cantidad de palabras, sino en la calidad del enfoque. Jesús enseñó a orar según la voluntad del Padre, no según los impulsos del momento. La oración estratégica nace en la comunión, se fortalece en la revelación, y se ejecuta con obediencia. Es tiempo de pasar de oraciones genéricas a operaciones dirigidas por el Espíritu.

La oración efectiva no se mide por la elocuencia ni por la emoción, sino por su conexión con el corazón de Dios. El soldado que lanza un misil sin coordenadas pone en riesgo a sus propios aliados; así también, el creyente que ora sin dirección puede generar confusión espiritual. La oración estratégica requiere entrenamiento, sensibilidad, y sumisión al mando divino. No se trata de gritar más fuerte, sino de escuchar mejor y ejecutar con precisión. Solo así veremos resultados duraderos en la batalla espiritual.

En el Antiguo Testamento, los profetas y guerreros oraban antes de actuar, porque entendían que toda victoria comienza en lo invisible. En el Nuevo Testamento, la iglesia primitiva se movía en oración constante, dirigida por el Espíritu, abriendo cárceles, desatando milagros y derribando argumentos. No eran oraciones improvisadas, sino diseñadas desde la sala de guerra celestial. Hoy, el Espíritu Santo quiere entrenar nuevamente al pueblo de Dios en este arte de guerra espiritual. El cielo todavía responde a la oración que nace del alineamiento con su voluntad.

Un ejército sin misiles está limitado en alcance; una iglesia sin oración estratégica está limitada en impacto. Podemos tener buena doctrina, programas efectivos y talento excepcional, pero si no hay oración, no hay poder sostenido. La oración no es solo preparación para la guerra: es la guerra misma. Cada rodilla doblada con propósito equivale a una bomba lanzada en territorio enemigo. Nuestra victoria comienza en la sala de oración.

Este capítulo te llevará a comprender cómo orar con propósito, cómo identificar blancos espirituales legítimos, y cómo convertir tus oraciones en armas activas y poderosas. Exploraremos la diferencia entre orar por necesidad y orar por misión. Verás cómo el Espíritu puede usar tu voz como un sistema de lanzamiento divino para alcanzar lo que tus manos no pueden tocar. Prepárate para dejar de orar como civil y comenzar a orar como soldado. Ha llegado el tiempo de operar con misiles de precisión desde tu altar.

Designación del objetivo: Orando con inteligencia espiritual

Efesios 6:18

Orando en todo tiempo con toda oración y súplica en el Espíritu, y velando en ello con toda perseverancia y súplica por todos los santos.

En cualquier operación militar avanzada, el primer paso antes de lanzar un misil de precisión es identificar, confirmar y validar el objetivo con exactitud milimétrica. No importa cuán potente sea el armamento; si el blanco es incorrecto, se desperdicia munición y se compromete la misión. En el campo espiritual sucede lo mismo: una oración poderosa mal dirigida es como una bomba sin coordenadas, estallando sin impacto en lo invisible. Muchos creyentes oran con fervor, pero sin estrategia, lanzando súplicas con buenas intenciones pero sin dirección divina. El resultado es fatiga espiritual, frustración emocional y una vida de intercesión sin frutos visibles.

La oración estratégica no comienza con hablar, sino con escuchar y entender el terreno. Así como los comandos especiales estudian mapas satelitales, rutas de escape y patrones de movimiento enemigos antes de actuar, el creyente debe entrar a la presencia de Dios con discernimiento espiritual. ¿Estamos orando contra lo que realmente es una obra del enemigo, o estamos luchando contra una estación que Dios permite para formación? ¿Estamos pidiendo liberación de algo que Dios está usando para purificarnos, o estamos ignorando una amenaza real porque se disfraza de oportunidad? La inteligencia espiritual es la herramienta que distingue entre lo que es una trampa y lo que es una puerta abierta. Orar sin esta información es como disparar con los ojos vendados.

El Espíritu Santo no fue dado solo como consolador, sino como estratega celestial que conoce los archivos secretos del enemigo y los planos eternos del cielo. Él intercede con gemidos indecibles porque sabe con precisión lo que conviene, y al alinearnos con Él, nuestra oración se convierte en una ofensiva quirúrgica. Esto transforma nuestra intercesión de algo reactivo a algo táctico, permitiéndonos atacar con autoridad y no solo con emoción. Es por eso que Jesús oraba antes de tomar decisiones clave, incluso antes de seleccionar a sus discípulos. Si el Comandante Supremo necesitó dirección, ¿cuánto más nosotros, que operamos en un campo minado por mentiras, distracciones y ataques sutiles?

El poder de una iglesia no está en cuántas horas ora, sino en cuánto logra al orar en línea con el cielo. Hay congregaciones que oran mucho, pero sin inteligencia espiritual; lanzan misiles de palabras sin mapas, sin análisis, sin blanco definido. Pero cuando una iglesia ora como un batallón que conoce el terreno, que discierne los tiempos, que entiende las tácticas enemigas y las rutas del Espíritu, entonces sus oraciones se vuelven ataques de precisión que desmantelan fortalezas invisibles. No se trata de cantidad de clamor, sino de calidad de conexión. Un solo proyectil bien guiado puede neutralizar una base enemiga entera.

Uno de los errores más comunes es pensar que toda carga es una señal para orar sin análisis. Pero la carga puede venir de la carne, del alma, del ambiente o del Espíritu. La madurez espiritual no ora todo lo que siente, sino que filtra toda carga a través del radar del Espíritu Santo. A veces, el cielo calla porque no es el momento de atacar sino de esperar refuerzos. Otras veces, hay una urgencia del cielo, y nuestra tardanza en responder permite que el enemigo avance terreno. La oración estratégica se basa en obediencia, no en impulsividad.

Cuando aprendemos a designar objetivos espirituales correctamente, nuestras palabras dejan de ser genéricas y comienzan a ser armas con nombre y apellido. Nuestras oraciones comienzan a nombrar territorios, personas, regiones, estructuras y fortalezas con precisión quirúrgica. El enemigo se ve obligado a retroceder no por el volumen de nuestra voz, sino por la claridad de nuestro enfoque. Un ejército que ora con inteligencia se convierte en una fuerza temida en el mundo invisible. La guerra se gana no solo con valentía, sino con estrategia revelada.

Dios está buscando creyentes que no solo tengan pasión, sino también entrenamiento. Orar en el Espíritu es más que hablar en lenguas; es dejarse dirigir por la mente de Cristo en cada intercesión. Cada oración debe tener propósito, cada súplica debe tener dirección, y cada palabra debe tener respaldo bíblico. No fuimos llamados a llenar el cielo de ruido, sino a liberar en la tierra lo que ya fue establecido en el cielo. Este es el tiempo de dejar de orar al azar y comenzar a orar con puntería profética.

Orden de coordenadas: La Vvoluntad de Dios como objetivo

1 Juan 5:14
Y esta es la confianza que tenemos en él, que si pedimos alguna cosa conforme a su voluntad, él nos oye.

En la guerra moderna, antes de lanzar un misil de precisión, se verifica con meticuloso detalle que las coordenadas sean correctas. Un pequeño error puede significar un blanco equivocado, un daño colateral o un completo desperdicio de armamento. De igual manera, en la oración estratégica, no basta con disparar palabras al cielo; hay que alinear nuestras peticiones con las coordenadas exactas del corazón de Dios. Orar fuera de Su voluntad es como lanzar municiones a la oscuridad, sin efecto real. La verdadera autoridad en la oración no viene de nuestras emociones, sino de nuestra conexión con Su propósito.

Conocer la voluntad de Dios no es una tarea mística imposible, sino una responsabilidad espiritual que demanda comunión y obediencia. Un soldado no improvisa sus movimientos; actúa según la inteligencia y órdenes recibidas. Del mismo modo, un creyente que ora estratégicamente no actúa por capricho, sino que se sintoniza con el plan del Comandante Supremo. Esto requiere tiempo en Su presencia, sensibilidad al Espíritu Santo y sumisión a la Palabra escrita. Cuando estas tres fuentes se alinean, entonces nuestras oraciones son como misiles dirigidos con garantía de impacto.

Muchas personas oran sin dirección, motivadas por desesperación o rutina, y luego se frustran cuando no ven resultados. Pero una vida de oración estratégica no se mide por la cantidad de palabras, sino por la calidad del enfoque. En el ejército, los misiles de alto costo no se desperdician en cualquier blanco; se reservan para objetivos clave. Así también, debemos reservar nuestras oraciones para tocar los puntos neurálgicos del reino, intercediendo por decisiones, batallas espirituales y misiones críticas. Pedir conforme a Su voluntad asegura respaldo celestial.

Cuando una oración va alineada con el corazón de Dios, no solo es oída, sino que activa recursos en el mundo invisible. Las respuestas se manifiestan no solo como milagros, sino como puertas que se abren, estrategias que se revelan y fortalezas del enemigo que se derrumban. Esta es la eficacia de la oración precisa. En lo natural, el misil que acierta en su blanco desorganiza al enemigo; en lo espiritual, la oración certera desestabiliza al reino de las tinieblas. Por eso, el discernimiento y la obediencia son inseparables de la oración estratégica.

En tiempos de guerra, las decisiones deben ser rápidas pero bien fundamentadas. Un ejército que lanza ataques sin saber qué hay del otro lado se arriesga al fracaso.

Así también, el creyente no puede vivir orando simplemente por costumbre o por instinto religioso. Cada oración debe estar anclada en convicción, claridad y fe, como quien aprieta un botón sabiendo que marcará la diferencia. Orar fuera de la voluntad de Dios es como disparar sin permiso y sin dirección. Pero cuando oramos conforme a Su voluntad, el cielo mismo entra en acción.

El creyente maduro aprende a orar menos por lo que quiere y más por lo que Dios quiere hacer a través de él. Esto no es resignación, sino alineación táctica. El "hágase tu voluntad" no es una frase débil, sino una orden de coordinación con el cuartel general del cielo. Jesús mismo oró así antes de la mayor batalla de la cruz. Orar conforme a la voluntad de Dios no nos evita la lucha, pero garantiza que cada batalla tenga un propósito eterno y un respaldo divino.

Este subcapítulo nos llama a evaluar nuestras coordenadas de oración. ¿Estamos orando desde el alma, o desde el Espíritu? ¿Estamos disparando misiles emocionales, o lanzando intercesiones con inteligencia celestial? Dios no necesita más palabras; necesita más precisión. Él está buscando guerreros de rodillas que sepan cuándo, cómo y por qué orar. La voluntad de Dios no es un obstáculo, es el blanco perfecto.

Inteligencia de blancos espirituales

2 Corintios 10:4

Porque las armas de nuestra milicia no son carnales, sino poderosas en Dios para la destrucción de fortalezas.

En toda guerra moderna, los misiles de precisión requieren más que potencia; necesitan información detallada sobre el blanco. De igual forma, en la guerra espiritual no basta con orar con fuerza; hay que orar con dirección. La inteligencia espiritual nos permite saber **qué atacar, cuándo atacar y cómo atacar**, bajo la guía del Espíritu Santo. Sin esta inteligencia, muchas oraciones son como misiles lanzados al azar, sin impacto real. La oración estratégica no se basa en repeticiones vacías, sino en discernimiento alineado con el cielo.

Las fortalezas espirituales no son siempre visibles ni obvias. Muchas veces se disfrazan de argumentos, pensamientos culturales, tradiciones religiosas o heridas emocionales arraigadas. La inteligencia espiritual desmantela estas estructuras desde la raíz, revelando su origen y su función. Cuando el creyente ora con conocimiento de causa, se convierte en un cirujano espiritual que corta con precisión donde otros solo golpean. Es aquí donde la palabra y la oración se combinan para producir liberación duradera.

El Espíritu Santo es nuestro centro de inteligencia. Él revela lo que está oculto, desenmascara lo que parece santo pero no lo es, y nos da discernimiento específico para cada situación. No todas las batallas espirituales son iguales, ni todos los enemigos se combaten de la misma manera. Orar sin consultar al Espíritu es como lanzar misiles sin coordenadas. Pero cuando oramos en Su dirección, cada palabra se convierte en un arma que desactiva trampas del enemigo.

En la Biblia vemos ejemplos claros de inteligencia espiritual aplicada. Eliseo tenía acceso sobrenatural a los movimientos del rey de Siria, frustrando sus planes (2 Reyes 6:8-12). Daniel recibió revelaciones precisas sobre reinos y eventos futuros mientras oraba y ayunaba (Daniel 10:12-14). Pablo fue guiado en sus viajes misioneros por visiones y restricciones del Espíritu (Hechos 16:6-10). Estas intervenciones no fueron fruto del azar, sino resultado de comunión profunda y oración orientada. Este tipo de inteligencia espiritual sigue disponible hoy.

Una iglesia sin inteligencia espiritual cae en activismo religioso sin fruto eterno. Puede orar mucho, ayunar con frecuencia y hacer vigilias constantes, pero si no hay dirección, se desgasta en guerras que no le fueron asignadas. El enemigo disfruta ver creyentes ocupados pero desenfocados. Por eso, más que cantidad de oración, necesitamos calidad de conexión. Una oración breve guiada por el Espíritu puede hacer más que horas de palabrería sin propósito.

La inteligencia de blancos espirituales también se entrena. No se trata de tener "un don especial", sino de cultivar una sensibilidad activa al Espíritu Santo. Esto incluye leer la Palabra con enfoque espiritual, escuchar más que hablar en la oración, y permanecer en obediencia aun cuando la revelación incomode. A mayor obediencia, mayor claridad. A mayor claridad, más efectividad en la batalla.

Esta dimensión de la oración convierte a los creyentes en verdaderos operadores espirituales. Ya no oran por rutina, sino con conciencia estratégica. Saben dónde golpear, qué declarar, cuándo interceder y cuándo guardar silencio. Son peligrosos para el infierno porque no improvisan: se mueven por inteligencia divina. Y cuando esta inteligencia se une a la fe, el resultado son misiones cumplidas, fortalezas destruidas y territorios ganados para el Reino.

Capítulo 12
Tanques Espirituales: Autoridad Congregacional en Movimiento

Mateo 16:18
"Y yo también te digo, que tú eres Pedro, y sobre esta roca edificaré mi iglesia; y las puertas del Hades no prevalecerán contra ella."

Introducción al Capitulo 12

La iglesia del Señor no fue diseñada para estar a la defensiva, sino para avanzar con autoridad. En el campo de batalla espiritual, hay momentos donde no basta el soldado individual ni la misión encubierta; hace falta la fuerza estructurada, pesada y cohesionada del cuerpo de Cristo. En términos militares modernos, esto se asemeja al uso de tanques: blindados, potentes y capaces de avanzar incluso bajo fuego enemigo. Así también, la iglesia local, cuando se mueve en unidad y bajo autoridad espiritual legítima, se convierte en una fuerza imparable. No es frágil ni estática; es una estructura viviente de poder colectivo.

El tanque no es rápido ni sigiloso, pero su presencia impone respeto. Así es la autoridad congregacional: no siempre es lo más visible en redes sociales, ni lo más ruidoso, pero cuando se activa, transforma atmósferas y rompe estructuras demoníacas. Su poder no radica en el carisma de un solo líder, sino en la cohesión espiritual de un cuerpo que sabe moverse como uno solo. El enemigo tiembla cuando una iglesia camina unida, sin grietas, y alineada bajo el propósito eterno de Dios. Es en esa unidad donde reside una porción crítica de la victoria.

En la guerra espiritual, hay momentos donde la iglesia debe ser ese tanque que avanza con decisión, abriendo camino en zonas tomadas por las tinieblas. Ya no se trata solo de sobrevivir, sino de conquistar, establecer y ocupar. La autoridad delegada por Cristo no es solo para resistir, sino para establecer su reino en la tierra. Cada congregación que opera bajo un liderazgo sano y una visión clara, se convierte en un puesto de avanzada del cielo. Ese liderazgo no es dictatorial, sino funcional, basado en la Palabra, la rendición mutua y el gobierno del Espíritu.

El tanque espiritual, como en el caso del Bradley IFV moderno, no solo avanza: transporta tropas, protege vidas y sirve de apoyo a misiones más especializadas. En la iglesia, eso se traduce en crear estructuras que permiten a los creyentes desarrollarse, ser discipulados y desplegados con respaldo y cobertura. No se trata de control, sino de movilización estratégica con dirección espiritual. Sin esa estructura, los dones se dispersan, los soldados se confunden y el frente se debilita. Pero con ella, se activa una sinergia sobrenatural que provoca avance constante.

Uno de los grandes ataques del enemigo hoy es fragmentar la autoridad de la iglesia. Busca sembrar sospecha, fomentar rebeldía espiritual y levantar “movimientos sin cabeza”. Pero una iglesia sin cobertura es una tropa sin tanque: expuesta, vulnerable y limitada en su avance. El enemigo sabe que mientras el cuerpo permanezca conectado y operativo, no podrá prevalecer. Por eso es crucial discernir entre estructuras vivas y estructuras corruptas, y mantenerse bajo autoridad espiritual legítima.

La cultura moderna celebra el individualismo, incluso dentro del cristianismo. Pero el reino de Dios opera bajo principios de cuerpo, unidad, autoridad y propósito compartido. La autonomía fuera del cuerpo no es avance, es aislamiento disfrazado. Por eso, cada creyente debe reevaluar su relación con la iglesia local, no como institución, sino como cuartel de movilización. El tanque espiritual no se construye con emociones, sino con convicción, obediencia y visión de reino.

En este capítulo, exploraremos cómo la iglesia local representa esa autoridad blindada que se mueve estratégicamente en el campo espiritual. Analizaremos cómo se forma, cómo se mantiene, y cómo se activa en batalla. También veremos qué significa estar cubierto, cómo distinguir entre autoridad legítima y control tóxico, y qué impacto tiene una congregación saludable en la guerra espiritual global. La victoria no se logra por accidente, sino por orden divino y ejecución congregacional. Prepárate para ver a la iglesia no como un templo pasivo, sino como el tanque blindado de Dios en esta generación.

Blindaje espiritual: La cobertura que protege bajo fuego enemigo

Hebreos 13:17

Obedeced a vuestros pastores, y sujetaos a ellos; porque ellos velan por vuestras almas, como quienes han de dar cuenta; para que lo hagan con alegría, y no quejándose, porque esto no os es provechoso.

En el campo de batalla, el blindaje de un tanque es lo que determina su resistencia ante los ataques enemigos. De igual forma, la iglesia que camina bajo autoridad espiritual legítima está revestida con una cobertura que protege a sus miembros del desgaste, la confusión y los ataques directos del infierno. Esta cobertura no es simplemente humana, sino espiritual, delegada por Cristo y ejercida por ministros con responsabilidad ante Dios. La sujeción voluntaria a una estructura sana no es señal de debilidad, sino de sabiduría estratégica. El creyente cubierto no solo sobrevive, sino que avanza protegido.

Muchos han sido heridos en batalla porque se alejaron del tanque espiritual, exponiéndose sin dirección ni respaldo. En su intento por ser independientes, terminaron vulnerables a falsas doctrinas, ataques mentales, y desgaste espiritual. La cobertura pastoral, cuando está en el orden de Dios, actúa como ese escudo blindado que disipa impactos y absorbe cargas. No se trata de controlar al creyente, sino de cuidar su alma con responsabilidad espiritual y discernimiento pastoral. En el contexto bíblico, toda función dentro del cuerpo está sujeta a un orden que garantiza vida y eficacia.

El enemigo conoce el poder de una iglesia bajo cobertura, por eso su táctica ha sido fomentar la desconfianza hacia el liderazgo espiritual. Sin embargo, el verdadero blindaje no proviene de títulos, sino del carácter y la obediencia a la Palabra. Cuando una congregación reconoce la voz pastoral como enviada por Dios, y se alinea con humildad, el fluir espiritual se desata con poder. Esto no significa idolatría hacia el líder, sino honor hacia la estructura que Dios estableció para protección y crecimiento. Es allí donde muchos encuentran restauración, dirección y empuje para avanzar en sus llamados.

Como en el caso del Bradley IFV, que no solo resiste impactos, sino también transporta a los soldados en medio del combate, la iglesia también carga a los débiles y sostiene a los heridos. Es dentro de esa cobertura donde se sanan las fracturas emocionales, se aclaran los llamados, y se refuerzan las convicciones. Un tanque con blindaje da confianza a los soldados para avanzar; así también, una iglesia segura genera miembros valientes. La fuerza colectiva nace de una cultura de confianza, honra y cobertura espiritual activa. Sin eso, el caos reina y cada quien hace lo que bien le parece.

Es importante discernir entre una cobertura espiritual y un sistema religioso opresivo. El blindaje del tanque no impide que el soldado respire ni se mueva; más bien, le da la libertad de operar sin miedo. Lo mismo ocurre en una iglesia saludable: la cobertura no aprisiona, sino que libera para servir sin temor, bajo protección. Cuando el creyente sabe que su vida espiritual está siendo velada, se atreve a tomar riesgos espirituales, a orar con osadía y a servir con pasión. Esa confianza operativa es uno de los resultados más hermosos del blindaje espiritual.

Muchos cristianos están desalineados no porque rechacen a Dios, sino porque caminan sin estructura espiritual que los cubra. La guerra espiritual se vuelve más intensa cuando no hay cobertura que interceda, enseñe, corrija y afirme. La armadura personal es importante, pero el blindaje colectivo lo es aún más en tiempos de fuego cruzado. Las iglesias con cobertura saludable funcionan como convoyes de tanques que se apoyan mutuamente y resisten juntos. Es allí donde el cuerpo de Cristo se muestra fuerte, funcional y letal contra las tinieblas.

Una iglesia sin blindaje es como un tanque de cartón: frágil, ruidoso y expuesto. Pero una iglesia con cobertura espiritual activa, pastoral confiable y miembros alineados, es una fortaleza en movimiento. En los próximos subcapítulos profundizaremos en cómo se despliega esa autoridad y cómo se mantiene esa estructura en movimiento. La guerra no se ganará con buenas intenciones, sino con orden, protección y cobertura estratégica. La iglesia necesita volver al diseño de tanques espirituales, no carretas improvisadas.

Maniobra congregacional: Movimiento coordinado con peso espiritual

Filipenses 1:27

Solamente que os comportéis como es digno del evangelio de Cristo, para que, o sea que vaya a veros, o que esté ausente, oiga de vosotros que estáis firmes en un mismo espíritu, combatiendo unánimes por la fe del evangelio.

En una batalla, no basta con tener un tanque blindado si no hay coordinación con el resto del convoy. De igual forma, una iglesia poderosa no es solo la que tiene miembros fuertes, sino aquella que sabe moverse en unidad y con dirección estratégica. La maniobra congregacional representa ese movimiento sincronizado entre liderazgo y miembros, entre visión y acción. No se trata de movernos rápido, sino de movernos juntos, con peso espiritual y propósito definido. La iglesia pierde poder cuando cada quien decide su ruta sin atender al plan del Comandante Supremo.

Las fuerzas blindadas, como los tanques, no se envían a la batalla solos; operan en conjunto con infantería, apoyo aéreo y comando de operaciones. Así también, una congregación no debe operar como silos ministeriales, sino como un cuerpo integrado, donde cada parte entiende su rol. Cuando el mover congregacional es orgánico y obediente, la cobertura se refuerza y la autoridad espiritual se multiplica. En vez de desgaste, hay empuje; en vez de ruido, hay claridad; en vez de confusión, hay avance sostenido. La iglesia se convierte en un ejército, no en un desfile desorganizado.

El enemigo teme a una iglesia que se mueve como tanque: firme, imparable, pesada en gloria y estratégica en acción. Esta iglesia no improvisa; escucha al Espíritu, sigue instrucciones, y no se detiene por emociones cambiantes. La clave está en entender que la autoridad espiritual no es solo el grito del púlpito, sino la obediencia del pueblo. Cuando cada miembro ocupa su lugar, el poder fluye sin interrupciones. La verdadera maniobra congregacional es el reflejo de una comunidad que ha aprendido a escuchar la misma voz: la de Cristo.

En tiempos de guerra, cualquier descoordinación entre tanques puede provocar fuego amigo o exposición a emboscadas. En la iglesia, los desacuerdos sin manejo espiritual producen heridas internas que paralizan el avance del cuerpo. La estrategia del infierno es sembrar división sutil, egos inflados y agendas paralelas. Por eso, el liderazgo debe modelar sujeción al Espíritu y enseñar al pueblo a caminar en visión compartida. Cuando la visión es clara y el pueblo es uno, el enemigo no encuentra fisuras por donde penetrar.

No todo movimiento es avance. Muchas iglesias están ocupadas, pero desalineadas con el cielo. Se necesita una revisión doctrinal, estructural y espiritual para asegurar que el movimiento congregacional no sea emocional, sino estratégico. El Espíritu Santo no es caos; Él orquesta, dirige y coordina con precisión divina. Un pueblo enseñado en esa cultura avanza con el peso de la gloria y no con la ligereza de la rutina religiosa.

La iglesia que se mueve como tanque no reacciona a todo estímulo externo. Discierne qué batallas son necesarias y cuál es el momento para moverse o esperar. La madurez congregacional se nota en su capacidad de maniobrar en medio de presión sin perder la visión. Es ahí donde la autoridad espiritual se consolida: cuando se avanza sin desorden, con propósito y en el tiempo de Dios. La fuerza del tanque está también en su capacidad de detenerse y reposicionar con sabiduría.

En esta sección hemos visto que la maniobra congregacional no es un lujo, sino una necesidad urgente en tiempos de caos espiritual. No podemos permitir que las iglesias funcionen como piezas sueltas; necesitamos cuerpos sincronizados que se muevan con peso, dirección y propósito. Como los tanques que arrollan obstáculos con potencia, así la iglesia puede abrir camino donde otros se detienen. Pero para eso, necesita caminar junta. Y ese es el enfoque del siguiente subcapítulo.

El Bradley espiritual: Protección, transporte y fuego de apoyo en la iglesia

Isaías 58:12

Y los tuyos edificarán las ruinas antiguas; los cimientos de generación en generación levantarás, y serás llamado reparador de portillos, restaurador de calzadas para habitar.

El vehículo Bradley IFV (Infantry Fighting Vehicle) no solo transporta tropas, también las protege y les ofrece apoyo de fuego en medio del combate. Representa una evolución táctica en el campo militar, combinando movilidad, defensa y capacidad ofensiva en un solo sistema. En la iglesia, el liderazgo espiritual y la estructura congregacional deben operar como un Bradley espiritual: llevar a los creyentes hacia el frente, protegerlos de ataques y cubrirlos mientras avanzan. No se trata solo de reunir personas, sino de posicionarlas estratégicamente y resguardarlas en su proceso de crecimiento. Un cuerpo que no protege ni impulsa a su gente se convierte en un convoy abandonado en el campo enemigo.

Las congregaciones deben ser centros de entrenamiento, refugio y envío. Así como el Bradley moviliza tropas listas para entrar en combate, la iglesia debe formar creyentes equipados para influenciar su entorno con poder espiritual. El liderazgo que imita el modelo de Jesús no solo enseña desde el púlpito, sino que también camina con los suyos en medio del fuego. Un pastor o líder que cubre, levanta y dirige es como el blindaje del vehículo: no evita el combate, pero reduce los daños y fortalece el avance. No basta con exponer la verdad; hay que acompañar al pueblo a vivirla.

La iglesia como vehículo de avance necesita sistemas funcionales que garanticen dirección, respaldo y protección. Estos sistemas no son programas vacíos, sino estructuras de discipulado, cuidado pastoral y vida comunitaria. Sin esto, los soldados espirituales se desorientan, se dispersan o quedan vulnerables ante ataques del enemigo. Un Bradley da confianza porque está construido con propósito: cada pieza existe para proteger, movilizar y reforzar. De igual forma, cada ministerio dentro de la iglesia debe tener sentido y alineación con la visión del Reino.

El fuego de apoyo del Bradley representa la capacidad de la iglesia para interceder, aconsejar y confrontar con autoridad. Cuando un creyente está bajo ataque, la congregación no debe observar pasivamente; debe disparar con oración, palabra profética, restauración y acompañamiento. Es en estos momentos donde se demuestra si somos espectadores o verdaderos compañeros de milicia. Las iglesias que entienden su papel como apoyo en medio del fuego, desarrollan una cultura de respaldo, no de juicio. Porque la batalla no se gana solos, sino en cobertura mutua.

Además, el Bradley puede reposicionarse rápidamente para adaptarse a nuevas amenazas. La iglesia también debe tener esa agilidad espiritual: discernir, reajustar y moverse bajo la nube del Espíritu. Un liderazgo que se aferra a métodos viejos pierde efectividad en un campo de batalla cambiante. Pero una iglesia que se adapta sin perder su esencia es imparable. La rigidez estanca; la flexibilidad en el Espíritu da victoria.

El acompañamiento congregacional no es paternalismo ni control, sino presencia activa y respaldo continuo. En el Bradley espiritual, todos tienen un lugar asignado y una función que cumplir. No hay pasajeros: hay guerreros en misión. Y la misión no es mantenernos seguros, sino conquistar terreno en el mundo espiritual. La iglesia debe dejar de ser un hospital perpetuo y convertirse en un convoy de avance.

Este subcapítulo nos recuerda que la iglesia no es solo un punto de reunión, sino una plataforma móvil de conquista espiritual. Si cada congregación entendiera su rol como vehículo de avance, muchos dejarían de caminar solos y encontrarían dirección, cobertura y misión. El enemigo no teme a templos grandes, sino a iglesias que se mueven como unidades tácticas, decididas a tomar el terreno que les pertenece. El Bradley espiritual no se queda en el cuartel; se despliega donde hace falta la victoria. Y ahí, la iglesia brilla como ejército del Dios viviente.

Capítulo 13
El Transporte y Las Redes: Evangelismo y Misión Global

Marcos 16:15
"Y les dijo: Id por todo el mundo y predicad el evangelio a toda criatura."

Introducción del Capitulo 13

En cualquier ejército moderno, el transporte es clave para proyectar fuerza, extender presencia y asegurar el avance. No importa cuán fuerte o bien entrenada sea una unidad si no puede moverse estratégicamente donde hace falta. Las redes de logística, comunicación y transporte permiten que los recursos lleguen, que las tropas se desplieguen y que las victorias se consoliden. De la misma manera, el evangelismo y la misión global requieren vehículos espirituales y estructuras que conecten el mensaje con los destinos designados por Dios. El Reino de Dios no avanza por inercia; se moviliza con estrategia, obediencia y un sistema de redes espirituales vivas.

La iglesia no fue diseñada para permanecer estática ni territorial. Desde su nacimiento, el mandato fue claro: “Id por todo el mundo.” Este llamado no es un mensaje simbólico, sino una instrucción literal y urgente. Así como un convoy militar no se limita a su base, la iglesia no puede limitarse a su templo o membresía. Su esencia es movilizarse, avanzar, enviar, y penetrar regiones aún no alcanzadas con la verdad del evangelio.

En la era digital, las redes son tan poderosas como las ruedas. El evangelio se transporta hoy tanto por aviones como por señales de Wi-Fi, por pies misioneros como por transmisiones de video. Las redes sociales, los medios digitales y las plataformas globales no son enemigas del evangelismo; son vehículos que, si se consagran, pueden alcanzar lo inalcanzable. No se trata de elegir entre lo tradicional y lo moderno, sino de activar todas las rutas disponibles para llegar a las almas. La iglesia que solo camina por un solo carril se rezaga en una autopista de oportunidades espirituales.

La misión global no es un lujo de iglesias grandes o ricas; es la responsabilidad de todo creyente. Un soldado bien entrenado no necesita una flota entera para moverse, solo necesita una orden y la voluntad de actuar. Así también, un cristiano lleno del Espíritu puede ser un puente, un canal, un vehículo divino en su comunidad o en otra nación. Las misiones no comienzan con boletos de avión, sino con corazones encendidos. Una iglesia que ora, da y envía es una iglesia que se mueve con precisión militar hacia el cumplimiento del Reino.

Pero no toda movilidad es victoria. Así como un convoy sin dirección puede perderse o caer en emboscada, una iglesia sin discernimiento puede dispersarse en actividad sin impacto. Las redes deben estar conectadas al centro de mando espiritual: la voz de Dios. Cuando el transporte espiritual está sometido a Su dirección, cada movimiento tiene fruto eterno. No es solo moverse, es moverse en el tiempo, lugar y forma que el Comandante en Jefe ha establecido.

Los apóstoles del Nuevo Testamento fueron ejemplos vivos de movilidad dirigida. Ellos no solo iban; eran enviados. Las rutas misioneras de Pablo, los viajes de Felipe, los traslados de Pedro, todos fueron parte de una red de expansión controlada por el Espíritu. Hoy, ese mismo Espíritu sigue conectando puntos, encendiendo corazones, abriendo caminos y levantando emisarios. La red sigue viva, pero necesita ser usada con visión, fe y obediencia radical.

En este capítulo exploraremos cómo la iglesia moderna puede activar sus vehículos espirituales, formar redes misioneras efectivas y utilizar todo medio legítimo para cumplir el llamado global. Desde el creyente que comparte con su vecino hasta la red que transmite el evangelio a naciones cerradas, todo forma parte del convoy divino. Porque Dios no solo nos llama a ser soldados firmes, sino también mensajeros en movimiento. Donde hay terreno por alcanzar, debe haber una iglesia que se moviliza. Y donde hay una iglesia que se mueve, hay cielos que se abren.

Movilización espiritual estratégica

Isaías 6:8

Después oí la voz del Señor, que decía: ¿A quién enviaré, y quién irá por nosotros? Entonces respondí yo: Heme aquí, envíame a mí.

La movilización espiritual no comienza con logística, sino con un corazón dispuesto. Antes de salir, hay un llamado que debe ser oído, y una respuesta que debe ser pronunciada con valor. Isaías no fue entrenado antes de ser tocado; fue tocado y luego movilizado. Así actúa Dios: activa lo espiritual antes de lo operativo. Todo movimiento visible en el Reino comienza con una disposición invisible en el altar.

En las fuerzas armadas, nadie se moviliza sin una misión clara, pero también nadie se queda sin orden si está listo. De igual forma, Dios no retiene oportunidades a quienes ya han dicho "Heme aquí". Muchos esperan ser enviados sin haber respondido aún al llamado. La movilización espiritual no es cuestión de eventos, sino de disponibilidad diaria. El Reino avanza con soldados voluntarios, no con creyentes pasivos.

La iglesia moderna ha creado una cultura de estacionamiento: grandes templos, multitudes sentadas, programas bien organizados, pero pocos en movimiento. Cristo no dijo "vengan y siéntense", sino "vayan y hagan discípulos". El evangelio no fue diseñado para quedarse encapsulado entre paredes. Es un mensaje con ruedas, con urgencia, con destino. Una iglesia que no se mueve, se estanca, se corrompe o se extingue.

El primer paso de la movilización espiritual es romper el apego al confort. Así como el soldado deja su hogar para cumplir su deber, el creyente debe abandonar su zona de comodidad. No se trata de geografía, sino de actitud. Dios mueve a quienes no tienen raíces en lo terrenal. El apego impide el envío; la disposición activa la misión.

La estrategia de Dios no depende de masas, sino de obedientes. Un solo Felipe fue suficiente para llevar el evangelio a Samaria, y luego a un etíope que abriría camino a un continente. La movilización espiritual no siempre es masiva, pero siempre es significativa. Cada obediencia individual es parte de un movimiento global. El cielo cuenta con cada paso, aunque sea invisible para el hombre.

Dios no busca talentos, busca disponibilidad. La iglesia moderna ha confundido unción con popularidad, y movilidad con visibilidad. Pero el Reino se extiende a través de obediencias ocultas, decisiones silenciosas, y movimientos que no siempre son virales. La estrategia del cielo no es entretenimiento, es envío. Y el envío no requiere aplausos, sino valor espiritual.

Movilizarse espiritualmente es aceptar que la vida ya no es nuestra, que el tiempo ya no es nuestro, y que el camino lo marca el Comandante. Quien se moviliza para Dios, vive para avanzar Su causa, aunque eso implique sacrificio, anonimato o rechazo. Pero también vive con propósito, dirección y respaldo sobrenatural. La iglesia que se moviliza en lo espiritual también será eficaz en lo visible. Y donde hay movimiento divino, hay expansión asegurada.

Rutas de impacto y redes de expansión

Romanos 10:15

¿Y cómo predicarán si no fueren enviados? Como está escrito: ¡Cuán hermosos son los pies de los que anuncian la paz, de los que anuncian buenas nuevas!

El evangelio viaja a través de rutas abiertas por la obediencia y redes tejidas por la comunión. Cada creyente es una conexión estratégica en una red divina diseñada para alcanzar a los perdidos. En el ejército, las líneas de comunicación y transporte determinan el éxito de una campaña. En el Reino, las conexiones entre creyentes, iglesias y ministerios son esas rutas de impacto. Cuando están activas y alineadas, el evangelio fluye con poder y eficacia.

Las Escrituras muestran cómo el Espíritu Santo dirigía rutas de impacto. Felipe fue llevado por el Espíritu a un camino desierto donde una sola conversación cambiaría una nación. Pablo recibió visiones específicas que le llevaron a nuevos territorios. No todas las rutas son visibles; algunas son espirituales, pero igual de efectivas. Cuando Dios traza un camino, lo llena de propósito.

Las redes no son estructuras humanas de poder, sino conexiones divinas para multiplicación. En la iglesia primitiva, los apóstoles no trabajaban como islas, sino como una red interdependiente. Hoy día, Dios sigue activando conexiones, alianzas, y plataformas para que Su palabra avance sin límites. Las redes espirituales correctas no compiten, se complementan. Donde hay unidad de propósito, hay aceleración del mensaje.

El transporte espiritual incluye no solo el movimiento físico, sino el acceso a medios digitales, redes sociales, y plataformas virtuales. Nunca antes ha sido tan fácil llegar a multitudes con un solo mensaje. Pero también nunca ha sido tan peligroso depender más del medio que del mensaje. Las redes deben estar ungidas, no solo activas. Sin discernimiento, se convierten en trampas de ego, no en rutas de salvación.

Cada conexión espiritual que hacemos tiene el potencial de llevar el evangelio más lejos. Una llamada, una invitación, una publicación, una oración compartida: todo puede ser una vía de transformación. La clave está en ver cada acto como una semilla lanzada por el Espíritu. Las redes de expansión no son construidas con estrategias humanas, sino con obediencias consecutivas. La visión de Dios siempre es mayor que nuestras estructuras.

Así como un ejército establece bases logísticas para operar efectivamente, la iglesia debe establecer centros de conexión espiritual. Grupos misionales, redes de intercesión, asociaciones ministeriales: todo esto son bases de avanzada. Estas rutas permiten que el mensaje llegue más rápido, más fuerte y más lejos. La descentralización del evangelio permite su multiplicación. Dios no se limita a un púlpito, ni a un solo método.

Hoy, las rutas de impacto están abiertas, esperando mensajeros dispuestos. Dios está redirigiendo conexiones, abriendo puertas globales y activando rutas inesperadas. La pregunta no es si hay caminos, sino si estamos listos para transitarlos. El que responde al llamado, será parte de una red imparable que cambiará generaciones. Porque donde hay una red espiritual encendida, el cielo encuentra un canal para derramar Su gloria.

El convoy del Reino: Avance en unidad de propósito

Salmos 68:11

El Señor daba palabra; había grande multitud de las que llevaban buenas nuevas.

Un convoy militar es una formación organizada donde cada vehículo, aunque con una función diferente, avanza hacia un mismo destino. De igual manera, el Reino de

Dios avanza cuando los creyentes, cada uno con su rol específico, marchan en unidad de propósito. El evangelismo no es tarea de unos pocos, sino de todo el cuerpo moviéndose al ritmo del Comandante en Jefe. En este convoy espiritual, algunos predican, otros interceden, otros financian, y otros abren puertas con su influencia. Lo importante es que todos se mantengan en movimiento, bajo la dirección de Dios.

La desorganización espiritual puede causar colisiones, retrasos, e incluso sabotajes internos. Por eso, es vital que el cuerpo de Cristo entienda el poder del alineamiento. En el convoy del Reino, no hay espacio para la competencia, sino para la cooperación. La misión no es demostrar quién tiene más velocidad, sino quién llega con eficacia al destino asignado. Cada iglesia local es un vehículo, y cada red de iglesias es una fuerza combinada para el avance del evangelio.

El convoy también implica protección mutua. En tiempos de guerra, los vehículos más débiles son flanqueados por los más fuertes, y el convoy se mueve a la velocidad del más lento para asegurar que nadie se quede atrás. En el Reino, esto se traduce en un liderazgo compasivo, una cultura de acompañamiento, y una misión compartida. Evangelizar no es abandonar al que está débil, sino llevarlo contigo mientras anuncias las buenas nuevas. Es una marcha que no excluye, sino que integra al que desea avanzar.

Los convoyes espirituales requieren coordinación y comunicación. Aquí entra el rol del liderazgo espiritual que traza rutas, da señales, y mantiene a todos enfocados en la meta. Sin esta coordinación, cada uno haría lo suyo, y el Reino perdería su fuerza de impacto colectivo. Las misiones eficaces son aquellas donde todos saben su función y respetan su posición. No hay gloria en la desobediencia individualista.

El convoy del Reino no solo avanza por tierra conocida, sino que también se adentra en territorios no conquistados. A veces, implica entrar en culturas nuevas, idiomas distintos, o contextos hostiles. Pero donde hay obediencia, hay cobertura divina. El Espíritu Santo es como un sistema GPS celestial que guía el avance en cada etapa. Aunque parezca incierto, Él garantiza que el convoy llegue al destino.

En este movimiento, incluso los silenciosos son necesarios. Hay quienes jamás predicarán en un estadio, pero son columnas en el convoy: sostienen, interceden, proveen y apoyan. Dios no mide la visibilidad de la función, sino la fidelidad con la que se cumple. Todo convoy necesita tanques, ambulancias, transportes y guías. El Reino necesita profetas, pastores, evangelistas, maestros, y también servidores anónimos.

El avance del Reino no es improvisado, es estratégico. Cuando la iglesia entiende su papel en este convoy espiritual, se produce un movimiento imparable. Cada creyente deja de ser espectador y se convierte en parte activa del avance global del evangelio. Y cuando eso sucede, no hay infierno que pueda detener lo que Dios ha iniciado. Porque el convoy del Reino no marcha solo: lo respalda el cielo entero.

Parte 4

Estrategias Generales de Combate Espiritual

Capítulo 14
Inteligencia Espiritual: Detectando las Estrategias del Enemigo

2 Corintios 2:11

"para que Satanás no gane ventaja alguna sobre nosotros; pues no ignoramos sus maquinaciones."

Introducción del Capítulo 14

En toda operación militar moderna, la inteligencia es esencial. No basta con tener fuerza o armamento superior; sin información clara sobre el enemigo, cada decisión es un riesgo. Los ejércitos invierten millones en detectar movimientos, interceptar comunicaciones y prever tácticas enemigas. Así también, el creyente que camina sin inteligencia espiritual es vulnerable. En el campo de batalla invisible, lo que no se discierne puede destruirnos.

La inteligencia espiritual no es una habilidad mágica, sino una sensibilidad desarrollada por medio del Espíritu Santo. Se trata de recibir dirección, advertencia y conocimiento revelado que va más allá del análisis humano. Dios desea que sus hijos no solo reaccionen ante el enemigo, sino que puedan anticiparlo. Jesús, en su ministerio, constantemente desenmascaraba los planes del adversario antes de que se manifestaran. Esa misma agudeza espiritual está disponible para nosotros.

El enemigo rara vez ataca de forma frontal y obvia. Su estrategia se basa en el engaño, la distracción y la sutileza. Como un espía infiltrado, muchas veces trabaja desde dentro, camuflado entre emociones, ideas populares o incluso en ambientes religiosos. La falta de inteligencia espiritual nos hace aceptar como bueno lo que está contaminado. Muchas caídas espirituales comienzan con una mentira no detectada a tiempo.

Dios ha provisto a su pueblo de herramientas proféticas, discernimiento, y la guía constante de Su Palabra para detectar las obras del enemigo. Pero estas herramientas deben estar activas y en uso continuo. No se puede vivir una vida de victoria si se descuida la vigilancia espiritual. El enemigo estudia nuestros hábitos, analiza nuestras debilidades y espera el momento adecuado para lanzar su ataque. Por eso, la inteligencia espiritual es parte vital del equipamiento del creyente.

Los grandes fracasos del pueblo de Dios a lo largo de la historia bíblica fueron precedidos por un error de percepción. Israel fue engañado por los gabaonitas porque no consultaron a Dios. Sansón fue cegado por sus emociones y no detectó el verdadero plan de Dalila. La falta de inteligencia espiritual los llevó al fracaso. Hoy, el Espíritu Santo desea evitar que repitamos estos errores. Pero debemos aprender a escuchar y filtrar cada señal con madurez.

En un tiempo donde hay tanta información circulando, el creyente debe ser un experto en filtrar, evaluar y procesar desde una perspectiva celestial. No todo lo que suena bíblico es de Dios, ni todo lo que brilla es verdadero. La inteligencia espiritual nos capacita para diferenciar entre lo genuino y lo manipulado. Nos guarda de entrar en batallas que no son nuestras, y de perder energía en luchas que no tienen valor eterno. Esta capacidad no es para unos pocos, sino para todo soldado espiritual comprometido.

Este capítulo tiene como propósito despertar al creyente a una vida de vigilancia consciente, guiada por el Espíritu, y reforzada con la Palabra. Exploraremos cómo se activa la inteligencia espiritual, cómo se aplica en distintas áreas del caminar cristiano, y qué errores comunes debemos evitar. En una guerra invisible, la ignorancia no es excusa. Dios está levantando una generación que sabe identificar al enemigo antes de que dispare. Esa generación camina con inteligencia, no con impulso.

Reconocimiento anticipado: El papel de la vigilancia espiritual

1 Pedro 5:8

Sed sobrios, y velad; porque vuestro adversario el diablo, como león rugiente, anda alrededor buscando a quien devorar.

En el contexto militar, el reconocimiento anticipado es una fase crítica que permite a las fuerzas armadas identificar rutas seguras, zonas de riesgo, trampas del enemigo y movimientos inesperados. Esta tarea no solo se realiza con tecnología, sino con soldados especialmente entrenados para percibir señales sutiles antes de un enfrentamiento. En el plano espiritual, esta función es asignada a cada creyente maduro, llamado a velar no solo por su vida, sino por la comunidad espiritual en la que sirve. No se trata de paranoia ni de sospecha constante, sino de un estado de alerta fundamentado en la comunión con el Espíritu Santo. Sin vigilancia, cualquier avance espiritual puede convertirse en terreno vulnerable.

La vigilancia espiritual requiere sobriedad emocional, claridad mental y conexión continua con la Palabra. Así como un centinela no puede dormirse en su turno, el creyente que baja la guardia por entretenimiento, distracción o amargura, expone su territorio al enemigo. La falta de discernimiento en áreas pequeñas puede resultar en catástrofes mayores. El apóstol Pedro no advierte sobre un enemigo pasivo, sino sobre uno activo, observador, y estratégico. La vigilancia es una línea de defensa que se activa mucho antes del ataque, identificando patrones, mensajes, y ambientes que pueden ser nocivos.

En muchas iglesias se ha reemplazado la vigilancia con el emocionalismo o la rutina, confiando más en lo que se siente que en lo que se percibe espiritualmente. Este error ha permitido la infiltración de doctrinas confusas, relaciones tóxicas y actividades disfrazadas de piedad. Cuando se pierde la capacidad de reconocer desviaciones doctrinales o distracciones satánicas, la comunidad se convierte en presa fácil. Así como en un puesto de avanzada nadie puede ignorar un sonido sospechoso, en la iglesia nadie debería ignorar señales espirituales que algo no está bien. La sensibilidad espiritual se activa en la vigilancia.

Ser vigilante no es un rol exclusivo de líderes, profetas o pastores. Cada soldado del Reino debe estar equipado para reconocer señales del enemigo en su vida personal y a su alrededor. Muchas veces el enemigo ataca no directamente, sino sembrando cansancio, confusión, ego o apatía. Estas no son solo emociones humanas, sino posibles señales de una operación del enemigo que busca neutralizar nuestra efectividad. Un ejército alerta responde a tiempo; una iglesia alerta también. La vigilancia espiritual no es un lujo, es un llamado urgente a cada creyente comprometido.

El enemigo rara vez se presenta como enemigo; su especialidad es disfrazarse como ángel de luz, como lo menciona Pablo en 2 Corintios 11:14. Por eso, la vigilancia no se puede basar solo en apariencia, reputación o tradición. Se requiere una vida de oración sostenida, conocimiento bíblico sólido y humildad para reconocer señales que a simple vista otros no verían. La mayoría de los ataques más dañinos comienzan sutilmente, ganando terreno poco a poco. La vigilancia espiritual identifica los movimientos del enemigo desde la primera señal.

En el mundo militar, cuando un escuadrón pierde su capacidad de reconocimiento, se considera que ha perdido el 50% de su capacidad defensiva. En lo espiritual, sucede lo mismo: la iglesia que no vigila, cae. No porque le falte poder, sino porque no anticipó. El reconocimiento anticipado es una señal de sabiduría, no de miedo. Ser vigilante es una forma de honrar a Dios al cuidar lo que Él ha confiado. Un ejército sin vigilancia es una ciudad sin murallas.

Dios está levantando atalayas modernos, no para vivir en angustia ni para ver demonios en todo, sino para mantener la línea de defensa activa en todo tiempo. Este primer paso en la inteligencia espiritual no se trata de pelear, sino de ver. Antes de atacar, se analiza. Antes de avanzar, se evalúa. Y antes de rendirse, se detecta la causa. Ser vigilante es ser parte activa de la victoria.

Análisis espiritual de patrones: El arte de descifrar el campo enemigo

2 Corintios 2:11

Para que Satanás no gane ventaja alguna sobre nosotros; pues no ignoramos sus maquinaciones.

En el ámbito militar, el análisis de patrones se ha convertido en una herramienta fundamental para anticiparse a los movimientos del enemigo. Cada ejército tiene sus rutinas, debilidades y secuencias de acción que, al ser detectadas, permiten una defensa más efectiva y hasta un contraataque exitoso. El campo espiritual no es diferente: el adversario de nuestras almas también repite ciertos ciclos y estilos de ataque. El creyente que aprende a observar, registrar y orar sobre estos patrones tendrá una ventaja estratégica. La inteligencia espiritual se desarrolla, en parte, al identificar el terreno recurrente donde el enemigo busca operar.

Satanás rara vez inventa nuevas estrategias, sino que ajusta las mismas viejas tácticas con apariencias diferentes. Lo que antes era división por doctrina, ahora puede ser división por métodos o preferencias. La tentación que ayer tocaba el orgullo, hoy se disfraza como una falsa humildad o ambición espiritual. Cuando un cristiano tropieza con frecuencia en los mismos aspectos emocionales, relacionales o espirituales, es señal de un patrón. Y donde hay un patrón, debe haber análisis e intercesión específica.

La Biblia está llena de momentos donde Dios advierte sobre los ciclos repetitivos. Israel caía constantemente en la idolatría después de recibir bendiciones, lo cual no era una coincidencia, sino un patrón espiritual. Dios enviaba profetas para abrir los ojos del pueblo y alertarlos sobre las repeticiones destructivas. Esa misma capacidad profética para detectar rutas del enemigo está disponible hoy para quienes se ejercitan en discernimiento. No solo se trata de ver lo que ocurre, sino de entender por qué ocurre y cómo romper ese ciclo.

En una guerra moderna, cuando un patrón es detectado, se refuerzan las áreas vulnerables y se prepara una estrategia nueva. El análisis espiritual de patrones cumple la misma función: ayuda a reforzar las áreas donde el enemigo ha sido más exitoso en el pasado. Si una iglesia cae en apatía espiritual después de grandes victorias, hay que estudiar la conexión. Si las familias enfrentan rupturas siempre que se inicia un nuevo mover de Dios, eso no es casualidad. Es hora de dejar de apagar incendios y comenzar a prevenirlos.

Uno de los errores más graves es pensar que analizar los patrones del enemigo es darle demasiada atención al diablo. En realidad, es obedecer el mandato bíblico de no ser ignorantes de sus maquinaciones. Negar la existencia de estos ciclos es como caminar en un campo minado sin mapa. La iglesia debe desarrollar la capacidad de mirar hacia atrás con sabiduría, no con culpa, para ver lo que debe ser corregido. Solo así podrá avanzar sin repetir las derrotas anteriores.

Este tipo de análisis requiere humildad, memoria espiritual y rendición al Espíritu Santo. No se puede discernir correctamente si el corazón está lleno de orgullo, prejuicio o distracción. Es necesario tener un espíritu enseñable y un deseo sincero de madurar. Dios no revelará estrategias al que no está dispuesto a actuar con base en ellas. Por eso, esta habilidad es dada a los que desean avanzar con responsabilidad en la guerra espiritual.

En resumen, el análisis espiritual de patrones es una disciplina indispensable en el arsenal del creyente maduro. No basta con discernir lo que es visible; hay que detectar lo invisible que lo sostiene. El enemigo opera en ciclos porque sabe que el pueblo de Dios muchas veces no los ve ni los confronta. Pero el ejército de Cristo en este siglo debe ser diferente: vigilante, alerta y entrenado en inteligencia espiritual. Solo así evitaremos repetir errores, y podremos avanzar con eficacia en cada batalla.

Contrainteligencia espiritual: Cerrando accesos y exponiendo infiltraciones

Efesios 4:27

Ni deis lugar al diablo.

En el mundo militar, la contrainteligencia es el conjunto de medidas diseñadas para detectar y neutralizar la infiltración enemiga. Implica descubrir espías, identificar vulnerabilidades internas y cerrar brechas de seguridad. En la guerra espiritual, este concepto se traduce en la necesidad urgente de proteger los accesos del alma y del cuerpo ministerial. Muchas derrotas no vienen por ataques frontales, sino por la entrada sutil del enemigo a través de puertas abiertas. Por eso Pablo es claro al decir: no den lugar al diablo.

Los accesos espirituales pueden ser variados: emociones no tratadas, relaciones tóxicas, hábitos ocultos, o incluso actividades aparentemente inofensivas. Cuando un creyente no vigila estas áreas, da legalidad al enemigo para operar desde adentro. La contrainteligencia espiritual comienza con una inspección personal: ¿qué brechas existen en mi vida, mi casa o mi ministerio? El enemigo siempre busca grietas, y muchas veces las encuentra en el orgullo, la falta de perdón o la negligencia espiritual. Ignorar estas grietas es como dejar las puertas abiertas en medio de la noche.

Además de lo personal, existe un nivel de contrainteligencia congregacional. El enemigo también intenta infiltrarse en la estructura eclesiástica a través de actitudes divisionistas, falsa doctrina, y manipulación disfrazada de espiritualidad. El liderazgo sabio discierne estos focos antes de que se vuelvan cánceres. La oración, la sana doctrina y la rendición mutua actúan como alarmas tempranas contra estas infiltraciones. Callar por temor a confrontar es abrirle el campo al sabotaje espiritual.

Así como en lo militar se crean protocolos de seguridad, la iglesia debe establecer parámetros espirituales y éticos que guíen su funcionamiento. No se trata de legalismo, sino de resguardar la santidad y la eficacia del cuerpo. Líderes sin vigilancia doctrinal, equipos sin cobertura espiritual, y miembros sin rendición de cuentas son blancos vulnerables. La contrainteligencia espiritual es una señal de madurez, no de desconfianza. Donde hay orden y estructura, el enemigo no encuentra terreno fértil.

Parte del trabajo de contrainteligencia también incluye exponer lo que ya se ha infiltrado. Hay momentos en que Dios revela lo oculto no para condenar, sino para restaurar y limpiar. El Espíritu Santo no tolera ambientes contaminados, y donde hay sensibilidad espiritual, las tinieblas no pueden permanecer ocultas. La iglesia no puede temer al conflicto cuando se trata de pureza doctrinal y santidad de vida. A veces, la confrontación es el acto más amoroso y necesario para recuperar terreno perdido.

Es vital entender que el enemigo usa infiltraciones para obtener inteligencia sobre nuestras debilidades. No siempre vendrá con ataques destructivos; muchas veces se presenta como ayuda, revelación o incluso amistad. Por eso se necesita discernimiento, pero también valor para cerrar accesos, decir no, y cortar vínculos peligrosos. El que quiere ser usado por Dios debe estar dispuesto a incomodar lo que contamina. La comodidad espiritual es la aliada perfecta del enemigo en esta guerra.

El llamado final como soldados activos es a establecer una cultura de vigilancia constante. Contrainteligencia espiritual no es paranoia, es obediencia estratégica. Así como un ejército no puede dormir en el frente de batalla, la iglesia no puede bajar la guardia ni un segundo. Solo una comunidad espiritualmente alerta y relacionalmente sana puede resistir las tácticas encubiertas del adversario. Que el Espíritu Santo nos despierte, nos alerte, y nos equipe para cerrar accesos y neutralizar toda infiltración en el campamento del Señor.

Capítulo 15: Fuerzas Especiales Espirituales: Equipos de Misión Avanzada

2 Samuel 23:8

"Estos son los nombres de los valientes que tuvo David: Josheb-basabet el tacmonita, principal de los capitanes; éste era Adino el eznita, que mató a ochocientos hombres en una ocasión."

Introducción del Capítulo 15

Las guerras no se ganan solamente con ejércitos masivos, sino con equipos especializados que son enviados a misiones clave donde otros no pueden llegar. En el mundo militar, las fuerzas especiales son grupos selectos que operan en territorios hostiles con precisión quirúrgica y un alto nivel de entrenamiento. En el Reino de Dios, existen creyentes que han sido preparados en secreto, entrenados en la intimidad y equipados por el Espíritu para misiones avanzadas. No buscan reconocimiento, ni plataformas, sino obedecer órdenes divinas con eficacia y valentía. Este capítulo habla de ese ejército silencioso pero letal contra las tinieblas.

Las fuerzas especiales no solo se seleccionan por habilidad física, sino por resistencia mental, lealtad y obediencia inquebrantable. Así también, en el ejército espiritual, Dios busca hombres y mujeres dispuestos a morir al ego, al confort y a la popularidad para cumplir su propósito en los lugares más difíciles. Estos creyentes son enviados donde la batalla es más intensa, donde hay oposición religiosa, estructuras demoníacas arraigadas o campos minados de ideologías. Ellos no necesitan aplausos, porque entienden que su recompensa viene del Capitán de su salvación. Su pasión es completar la misión, aunque nadie los vea.

En las Escrituras vemos ejemplos como Elías, que confrontó solo a los profetas de Baal, o como Ananías, que oró por un Saulo todavía peligroso. Ambos fueron enviados por órdenes directas de Dios, sin comités ni plataformas humanas. Hoy en día, Dios sigue levantando creyentes con ese perfil: discernimiento agudo, corazón limpio, y disposición a entrar en territorios espiritualmente hostiles. Las fuerzas especiales espirituales no se comparan entre sí; entienden que cada uno cumple una asignación específica en la guerra del Reino. Saben cuándo hablar, cuándo callar y cuándo avanzar sin esperar aprobación humana.

Estos equipos espirituales de misión avanzada pueden operar en áreas como intercesión estratégica, misiones en regiones no alcanzadas, consejería en zonas de guerra emocional, o plantación de iglesias en lugares cerrados. Lo que los define no es la visibilidad, sino la efectividad. Son el brazo extendido de Dios en lugares donde pocos se atreven a ir. A menudo pasan desapercibidos por los sistemas religiosos tradicionales, pero el cielo conoce sus nombres y los enemigos del Reino los temen. Su autoridad no proviene de cargos, sino de obediencia a la voz del Comandante Supremo.

En el ámbito militar, estos grupos entrenan constantemente, practican bajo presión y se adaptan rápidamente al cambio. Así también, los creyentes que forman parte de las fuerzas especiales espirituales viven en constante dependencia del Espíritu, en ayuno, oración y preparación bíblica. No improvisan en el campo de batalla; ya fueron

entrenados en el desierto antes de ser enviados. Por eso no se quiebran cuando enfrentan oposición, traición o tinieblas intensas. Están preparados para resistir, avanzar y completar su misión cueste lo que cueste.
A diferencia del cristianismo acomodado y pasivo, estos soldados no viven para sí, sino para aquel que los llamó a la batalla. Saben que la guerra espiritual no es un evento ocasional, sino una misión constante en territorios donde otros fallaron o no quisieron entrar. No tienen tiempo para chismes, espectáculos o agendas humanas. Están enfocados, disciplinados y atentos a la voz del Espíritu. Su vida es un campo de batalla donde cada decisión cuenta para la expansión del Reino.

En este capítulo exploraremos cómo identificar a estos guerreros, cómo se forman, cómo operan y cómo la iglesia puede ser una plataforma que impulse su despliegue sin apagarlos. También hablaremos de los peligros de menospreciarlos o de enviar sin entrenamiento a personas que no están listas. Dios está reclutando un escuadrón espiritual que irá donde la religión no quiere ir y enfrentará lo que el entretenimiento no puede cambiar. Las fuerzas especiales del Reino ya están en marcha. ¿Estás dispuesto a ser parte de ese escuadrón?

Reclutados en el silencio: El entrenamiento secreto de los escogidos

Jueces 6:12

Y el ángel de Jehová se le apareció, y le dijo: Jehová está contigo, varón esforzado y valiente.

Dios no llama a los visibles, sino a los disponibles. Muchos de los guerreros más efectivos del Reino no comenzaron en púlpitos, sino en cuevas, escondidos de las estructuras humanas. Como Gedeón, estaban trillando trigo en secreto, sobreviviendo, cuestionando su valor, hasta que la voz de Dios interrumpió su rutina. El entrenamiento de estos soldados comienza en lo oculto, donde no hay aplausos, pero sí encuentros divinos. El proceso es intenso porque forma carácter antes de otorgar plataforma.

El Señor forma a sus fuerzas especiales espirituales lejos de las luces y los escenarios. En el anonimato, Él trata con el orgullo, la impaciencia, el temor al rechazo y la dependencia humana. Allí el creyente aprende a escuchar la voz de Dios sin filtros, a obedecer sin explicaciones y a resistir sin testigos. Es en ese secreto donde se forja el temple de guerrero, no en conferencias ni redes sociales. Cada lágrima derramada en ese lugar es entrenamiento para resistir bajo fuego real.

Dios nunca improvisa con quienes envía a misiones avanzadas. Antes de liberar a Moisés, lo dejó cuarenta años en el desierto; antes de usar a Pablo, lo aisló en Arabia.

El patrón es claro: aislamiento antes de asignación, quebranto antes de conquista. Este entrenamiento silencioso purifica intenciones, filtra ambiciones y cimenta convicción. Solo así un creyente se convierte en un instrumento afinado y útil en manos del Capitán celestial.

Muchos anhelan ser usados, pero pocos están dispuestos a ser formados. La iglesia moderna valora la rapidez, pero el Reino de Dios valora la profundidad. El proceso de reclutamiento no se basa en currículum, sino en disposición incondicional. Dios busca corazones rendidos, no habilidades pulidas. Lo que parece pérdida de tiempo en lo natural, es inversión estratégica en lo espiritual.

En el entrenamiento secreto, Dios enseña a no depender de recursos humanos. El guerrero aprende que la victoria no proviene de conexiones, sino de revelación. Allí se desarrolla discernimiento, dependencia, resistencia emocional y obediencia radical. Este tiempo produce soldados que no son fácilmente manipulables ni confundidos por el sistema religioso. Son soldados que conocen su voz y no siguen a extraños.

Cuando finalmente Dios los envía, no necesitan credenciales humanas para operar. Su autoridad es interna, y su respaldo viene del cielo. No necesitan convencer a nadie de su llamado, porque la evidencia es el fruto. Las fuerzas especiales no hacen ruido, pero sus impactos se sienten con fuerza en el campo de batalla. Son aquellos que, como Elías, aparecen cuando se necesita fuego, y desaparecen cuando se ha cumplido la misión.

Es importante recordar que el proceso oculto no es un castigo, sino un privilegio. El entrenamiento secreto es la validación celestial antes de la exposición pública. Si estás en ese tiempo de silencio, no lo desprecies. Dios te está formando para tareas que otros no podrán asumir. Él recluta en lo secreto para manifestarse con gloria en lo público.

Operaciones encubiertas: Misiones específicas en territorio hostil

Hechos 8:5

Entonces Felipe, descendiendo a la ciudad de Samaria, les predicaba a Cristo.

Las fuerzas especiales en el ejército moderno son enviadas a zonas de alto riesgo, donde otros no pueden entrar sin ser detectados o destruidos. Así también, hay creyentes que son comisionados por el Espíritu Santo para entrar en terrenos espirituales contaminados, para romper ciclos de oscuridad con la autoridad de Cristo. No todos están preparados para estas misiones, porque se requiere precisión, dominio propio y una cobertura espiritual activa. No se trata de emociones ni impulsos, sino de instrucciones claras del Alto Mando celestial. Estas operaciones no buscan reconocimiento, sino cumplimiento de un propósito divino.

Felipe no era un apóstol con púlpito establecido, pero el cielo lo envió a Samaria con una misión puntual. No había logística humana ni respaldo organizacional visible, pero sí una directiva del Espíritu y un respaldo sobrenatural. Entró en una ciudad marcada por la confusión espiritual y desató un avivamiento con precisión quirúrgica. Esto es lo que hacen los soldados especializados del Reino: entran, impactan, y entregan resultados espirituales sin necesidad de títulos visibles. Ellos entienden que la efectividad está en la obediencia, no en la visibilidad.

Las operaciones encubiertas requieren que el soldado espiritual sepa discernir el terreno, reconocer las amenazas, y mantenerse invisible a las distracciones. No buscan competir con otros ministerios, ni replicar modelos ajenos. Su llamado no es a lo popular, sino a lo estratégico. Son enviados a lugares donde las estructuras tradicionales no han podido entrar, o donde otros han sido vencidos por la presión. Allí, ellos siembran, interceden, confrontan, y se retiran en el momento exacto.

En muchas ocasiones, estas misiones son malinterpretadas por quienes no entienden la estrategia celestial. La iglesia institucional a veces los percibe como aislados o independientes, sin notar que están operando en un nivel táctico asignado por Dios. No es rebeldía, es asignación directa. Así como los comandos no operan en el mismo cuartel que los batallones regulares, los enviados a misiones especiales tampoco operan bajo los patrones de rutina religiosa. Esto exige madurez espiritual para no dejarse afectar por la incomprensión.

Las fuerzas especiales espirituales no rompen cobertura, pero sí trascienden estructuras. Son guiados por el Espíritu, pero se mantienen en comunión con la visión del Reino. Saben cuándo hablar y cuándo callar, cuándo intervenir y cuándo esperar. Su efectividad no se mide en popularidad, sino en transformación del entorno asignado. No necesitan reconocimiento porque ya han sido reconocidos en los cielos.

Muchos de estos soldados espirituales son activados en contextos hostiles, donde la iglesia tradicional no tiene acceso o ha perdido relevancia. Pueden ser enviados a instituciones, gobiernos, industrias, regiones secas o comunidades oprimidas. Allí, como fuerzas encubiertas, operan con sabiduría, autoridad y discernimiento, cambiando atmósferas sin alardes. Estos creyentes entienden que su victoria no está en ser vistos, sino en ver a Cristo establecido donde antes no estaba. Son invisibles para el mundo, pero imborrables en el Reino.

Este tipo de misión requiere preparación intensa, comunión profunda y valentía inquebrantable. No cualquiera puede operar en territorio hostil y salir ileso. Pero los que han sido entrenados por Dios, no temen al peligro porque saben quién los respalda. Si Dios te ha estado preparando en lo oculto, es posible que te esté asignando una operación encubierta. Recibe las instrucciones, entra en el terreno y cumple tu propósito.

Soldados silenciosos: Los desconocidos que cambian el curso de la guerra

Hebreos 11:38

De los cuales el mundo no era digno; errando por los desiertos, por los montes, por las cuevas y por las cavernas de la tierra.

En toda guerra existen soldados que nunca aparecen en los titulares, pero sin ellos las misiones fracasarían. Son los que operan en silencio, detrás de líneas enemigas, sembrando el terreno para que otros puedan avanzar. En el Reino de Dios, estos creyentes son igual de importantes que los líderes visibles. No buscan plataformas, sino resultados; no desean fama, sino obediencia total. Su recompensa no es terrenal, sino eterna.

Estos soldados espirituales han sido entrenados en el anonimato, forjados en el desierto, y enviados a operar sin reconocimiento humano. Hebreos 11 nos recuerda que muchos héroes de la fe fueron desconocidos por el mundo, pero aprobados por Dios. Su huella no está en las redes sociales ni en las conferencias, sino en los corazones transformados y los territorios recuperados para el Reino. Son guerreros que entienden que el mayor impacto se produce cuando Cristo, y no ellos, es exaltado. Por eso su influencia perdura, aunque sus nombres se pierdan en el tiempo.

En el contexto militar, muchas operaciones de alto impacto son posibles gracias a equipos logísticos, especialistas técnicos o exploradores que preparan el camino. Estos no reciben medallas ni conferencias de prensa, pero el éxito depende de su labor. En lo espiritual sucede igual: hay intercesores, mentores, sembradores, y siervos que sostienen la misión sin ser vistos. Su efectividad está en su consistencia, y su autoridad proviene de su humildad. Sin ellos, la iglesia perdería fuerza y dirección.

Muchos de estos soldados silenciosos han aprendido a escuchar la voz de Dios sin necesidad de validación externa. Su comunión es tan profunda que no necesitan aplausos para saber que van bien. El Espíritu Santo les da instrucciones directas, y ellos las ejecutan con precisión y reverencia. Cuando oran, las cadenas se rompen;

cuando sirven, los corazones son tocados. Ellos son el reflejo del carácter de Cristo: obedientes hasta lo último, fieles aunque nadie lo vea.

En muchas iglesias locales hay personas así: la hermana que intercede cada madrugada, el joven que limpia sin que se lo pidan, el hermano que da sin esperar devolución. Son los pilares invisibles de la comunidad, los que sostienen el peso espiritual del avance. La iglesia muchas veces no los celebra, pero el cielo sí los honra. Ellos entienden que el Reino no se construye desde la tarima, sino desde la obediencia diaria. Su anonimato es su cobertura, y su constancia es su victoria.

Dios siempre ha usado soldados silenciosos para preparar grandes victorias. Antes del avivamiento público, hay lágrimas privadas; antes de la cosecha masiva, hay siembra secreta. Cada vez que el enemigo subestima a estos creyentes, termina sorprendido por su impacto. No son débiles, son letales en lo espiritual. No son pocos, son estratégicamente posicionados.

Si tú te has sentido invisible, olvidado o poco valorado, tal vez seas uno de estos soldados. Dios no te ha escondido por descuido, sino por estrategia. Estás siendo posicionado en un terreno donde tu impacto será eterno. No subestimes tu rol, porque tu obediencia silenciosa está abriendo brechas que otros recorrerán. Sigue firme, que el General de los Ejércitos no olvida a los que luchan en la sombra.

Capítulo 16
Ciberseguridad Espiritual: Guardando la Mente y el Corazón

Proverbios 4:23
"Sobre toda cosa guardada, guarda tu corazón; Porque de él mana la vida."

Introducción del Capítulo 16

Vivimos en una era donde los ataques más peligrosos no son físicos, sino digitales, invisibles y silenciosos. La ciberseguridad en el mundo militar protege redes, sistemas de información y puntos vulnerables que, si son violados, comprometen toda una operación. En el campo espiritual, existe una guerra igual de sofisticada: la que intenta infiltrar la mente y el corazón del creyente. No basta con tener una armadura exterior si el sistema interno ha sido contaminado. Por eso, el llamado de Dios es claro: guarda tu corazón, porque es el centro de comando de toda tu vida espiritual.

El enemigo no siempre ataca con fuerza bruta; muchas veces infiltra ideas, pensamientos, emociones distorsionadas y deseos fuera de lugar. Su estrategia consiste en hackear la percepción espiritual, redirigir la atención y sembrar virus doctrinales que parecen inofensivos. El creyente que no monitorea sus pensamientos ni protege sus emociones se convierte en un blanco vulnerable. Al igual que en el mundo militar, donde una contraseña débil puede exponer una base completa, una puerta emocional o mental abierta puede traer estragos devastadores. Lo que no se protege, eventualmente se corrompe.

En el ejército moderno, los sistemas de defensa incluyen firewalls, antivirus y protocolos de acceso limitado. De igual forma, el cristiano debe establecer filtros mentales, discernimiento espiritual y límites emocionales guiados por el Espíritu Santo. No todo pensamiento debe ser aceptado, ni toda emoción alimentada. Es necesario escanear continuamente las motivaciones, pensamientos y afectos que entran al alma. La mente y el corazón no pueden quedar expuestos en un mundo saturado de información tóxica y estímulos distractores.

El apóstol Pablo instruyó que debemos llevar cautivo todo pensamiento a la obediencia a Cristo. Esta no es una sugerencia, es una estrategia de defensa espiritual. La guerra moderna se gana con información, y el reino de las tinieblas lo sabe. Si el enemigo logra controlar la narrativa que creemos en nuestra mente, ha ganado más que una batalla: ha capturado la voluntad. Por eso, proteger el corazón y la mente es una misión prioritaria en el ejército del Señor.

Muchos creyentes caen no por falta de poder, sino por negligencia en esta área interna. Se alimentan espiritualmente con predicaciones, pero dejan entrar contenidos nocivos por redes, amistades o distracciones. Así como los virus digitales se disfrazan de archivos legítimos, muchos pensamientos se presentan como inofensivos, pero llevan una agenda destructiva. La vigilancia espiritual no es paranoia, es sabiduría táctica. Solo quien protege bien lo interno puede sostener lo externo.

En los campamentos militares, existe un protocolo de seguridad para cada nivel de información clasificada. De la misma forma, cada creyente debe tener protocolos bíblicos para proteger lo que ve, escucha, siente y piensa. No todo debe ser compartido, no todo debe ser creído, no todo debe ser permitido. Hay verdades que deben ser resguardadas en el corazón como códigos sagrados. Y hay mentiras que deben ser interceptadas antes de que infecten el sistema espiritual.

En este capítulo, exploraremos cómo implementar una verdadera ciberseguridad espiritual. Veremos cómo detectar amenazas, fortalecer los filtros internos, y establecer protocolos emocionales y mentales que aseguren nuestra integridad. También hablaremos de cómo recuperarse cuando ha habido una brecha de seguridad espiritual. En un tiempo donde los ataques no siempre son frontales, sino sutiles y mentales, Dios llama a Su ejército a estar alerta. No solo es cuestión de fe, es cuestión de vigilancia continua.

Cortafuegos espiritual: Filtrar lo que entra a la mente

Proverbios 4:23

Sobre toda cosa guardada, guarda tu corazón; Porque de él mana la vida.

En el ámbito de la ciberseguridad moderna, el cortafuegos (firewall) es una de las herramientas más esenciales para proteger sistemas de información contra accesos no autorizados. Este mecanismo actúa como una barrera que filtra el tráfico entrante y saliente, permitiendo solo aquello que cumple con criterios seguros. En la vida espiritual, el creyente necesita un cortafuegos interno que filtre pensamientos, imágenes, conversaciones y enseñanzas que intentan penetrar su mente y contaminar su corazón. Tal como los ataques digitales pueden pasar inadvertidos si no hay protección, así también las ideas tóxicas o tentaciones sutiles se infiltran si no hay vigilancia constante. El cortafuegos espiritual comienza con una decisión deliberada de vigilar lo que se permite entrar por los sentidos.

No todo pensamiento que cruza por la mente proviene de uno mismo; muchos son flechas incendiarias enviadas por el enemigo para debilitar la fe. En la guerra digital, los ataques no siempre son obvios; a veces se disfrazan de correos legítimos o enlaces atractivos. De igual manera, el diablo utiliza argumentos aparentemente inofensivos, emociones momentáneas o contenidos disfrazados de entretenimiento para infiltrar nuestra mente. Lo que no es detectado y filtrado a tiempo puede convertirse en una infección que corrompa el sistema entero. Por eso es vital establecer criterios basados en la Palabra que definan claramente qué se permite y qué se bloquea.

El filtro espiritual no se basa en emociones, sino en convicciones fundamentadas. Muchos creen que pueden “manejar” ciertos pensamientos o imágenes sin consecuencias, pero esa confianza es la antesala de una vulnerabilidad peligrosa. Lo mismo ocurre cuando una red se confía y desactiva sus sistemas de defensa por creer que no hay amenazas cerca. El creyente sabio no subestima lo pequeño, porque sabe que un solo pensamiento contaminado puede destruir su paz, su pureza o su llamado. Por eso debe estar en constante revisión de su sistema espiritual, asegurando que su cortafuegos esté activo y actualizado.

La actualización del cortafuegos espiritual ocurre a través del estudio constante de la Palabra y la oración. No se trata solo de saber lo que es bueno y malo, sino de estar tan alineado con el Espíritu que se detectan hasta las intenciones ocultas. El Espíritu Santo actúa como un sistema de alerta temprana, inquietando el alma cuando algo contaminante intenta entrar. Sin esa sensibilidad, se pierde la capacidad de discernimiento, y con ella se compromete todo el sistema espiritual. Cada creyente debe invertir tiempo en fortalecer su discernimiento como parte de su defensa personal.

Así como en el ámbito militar se prohíbe conectar dispositivos no autorizados a redes seguras, el creyente debe rechazar todo acceso que no haya sido aprobado por la Palabra de Dios. Algunas ideas, por muy modernas o populares que parezcan, no provienen del cielo y deben ser bloqueadas antes de que penetren. Esta actitud no es legalismo, sino supervivencia espiritual en un campo de batalla saturado de engaños. La mente que se abre a todo termina llena de confusión, y eso es exactamente lo que el enemigo desea. Por eso hay que cerrar puertas, borrar accesos y restaurar protocolos que antes se descuidaron.

Filipenses 4:8 no es una sugerencia decorativa, sino una línea de código que define el comportamiento aceptado dentro del sistema del creyente. Pensar en todo lo justo, puro, amable y verdadero no es una tarea pasiva, sino una disciplina diaria. Cuando este código se convierte en rutina, el cortafuegos espiritual funciona automáticamente, bloqueando lo que no cuadra con esa estructura. Es entonces cuando la mente se convierte en un espacio seguro donde Dios puede hablar, guiar y moldear. Sin esa seguridad, el enemigo encuentra terreno fértil para plantar dudas, temores y mentiras.

En conclusión, el creyente necesita establecer un sistema claro de defensa mental si desea mantener su corazón libre de corrupción. No se puede ser un soldado de Cristo y andar con la mente expuesta a cualquier influencia. El cortafuegos espiritual no es opcional en estos tiempos de sobrecarga informativa, relativismo moral y ataques ideológicos. Si deseamos mantenernos firmes en la verdad, debemos ser implacables con lo que dejamos entrar en nuestro pensamiento. Porque como dice la Escritura: de ese corazón guardado depende toda nuestra vida.

Antivirus espiritual: Detectar y neutralizar pensamientos corruptos

2 Corintios 10:5

derribando argumentos y toda altivez que se levanta contra el conocimiento de Dios, y llevando cautivo todo pensamiento a la obediencia a Cristo

En el mundo de la ciberseguridad, el antivirus es la herramienta encargada de identificar amenazas ya existentes dentro del sistema, detener su actividad y restaurar lo afectado. No basta con tener un cortafuegos que impida entradas dañinas; también es necesario un sistema que escanee lo interno constantemente. En lo espiritual, esto se traduce en la capacidad de examinar pensamientos, emociones e intenciones que ya han entrado y corregirlos antes de que causen daño permanente. Muchos creyentes viven con pensamientos corruptos instalados desde hace tiempo, sin saber que están operando desde una programación alterada. El antivirus espiritual actúa para detectar esas mentiras, neutralizarlas y restaurar la verdad de Dios en la mente.

El apóstol Pablo fue claro al decir que debemos llevar todo pensamiento cautivo a la obediencia de Cristo. Eso implica una acción agresiva, estratégica y continua, como lo haría un equipo especializado al enfrentar un virus informático activo. No se trata de ignorar el pensamiento ni de disfrazarlo, sino de enfrentarlo con la verdad revelada y reconfigurar el sistema mental. La mente humana, sin renovación, tiende a operar bajo argumentos contaminados por el pasado, la cultura o el enemigo. Por eso, un antivirus espiritual debe operar con profundidad y precisión, escaneando incluso las zonas donde antes se asumía que todo estaba limpio.

Las creencias erróneas que parecen inofensivas muchas veces son los virus más letales para la vida espiritual. Algunos piensan: "Nunca seré suficiente", "Dios no me escucha", "Siempre voy a fracasar", y esas ideas se convierten en comandos internos que gobiernan su conducta. Al igual que en los sistemas digitales, un solo archivo corrupto puede arruinar toda una operación. El creyente debe desarrollar un hábito de examinar sus pensamientos a la luz de la Palabra y permitir que el Espíritu Santo revele lo que no concuerda con Cristo. Este proceso no es cómodo, pero es necesario si se quiere mantener una mente libre y productiva para el Reino.

El antivirus espiritual también se nutre de la humildad para aceptar corrección y del valor para enfrentar la verdad. A veces, lo que Dios revela durante el escaneo no es lo que el alma quiere ver: orgullo, resentimiento, inseguridad, duda. Pero ignorarlo no lo elimina; solo lo hace más fuerte. Así como un virus digital se oculta en procesos invisibles, los pensamientos corruptos se camuflan bajo justificaciones, apariencias y excusas. El creyente que se toma en serio su salud mental espiritual se expone deliberadamente a la corrección divina para ser limpiado.

Además, el antivirus debe actualizarse constantemente para detectar amenazas nuevas que antes no existían. Las estrategias del enemigo evolucionan, y los argumentos con los que contamina la mente hoy no son los mismos de hace veinte años. Lo que antes parecía obvio, hoy se presenta con sutileza y apariencia de verdad, especialmente en un mundo lleno de relativismo. El creyente no puede confiar en un "escaneo espiritual" hecho años atrás; necesita renovar su entendimiento cada día. La Palabra de Dios y la guía del Espíritu actúan como esas actualizaciones que refuerzan la capacidad de detectar lo que intenta infiltrarse bajo nuevas formas.

En el ejército, existen escuadrones especializados que eliminan amenazas internas antes de que afecten a toda la unidad. De igual manera, en lo espiritual, cada creyente debe convertirse en ese agente que detecta a tiempo los virus que quieren comprometer su fe, su paz y su obediencia. Nadie más puede hacer este escaneo por él. La madurez espiritual implica responsabilidad personal sobre los pensamientos, sentimientos y patrones que se toleran. Solo así se puede mantener un sistema mental alineado con el propósito de Dios.

Un antivirus que no se activa termina siendo un adorno inútil, igual que un creyente que sabe la verdad pero no la aplica para confrontar lo que le afecta por dentro. La victoria espiritual comienza en la mente, y todo lo que no se enfrenta internamente tarde o temprano se manifestará externamente. Por eso, hay que derribar todo argumento y llevarlo cautivo, no con duda, sino con autoridad. El Espíritu Santo está dispuesto a escanear, revelar y limpiar, pero el creyente debe darle acceso total. Solo así se mantendrá la salud espiritual en un entorno hostil lleno de amenazas mentales.

Encriptación espiritual: Proteger lo sagrado de accesos no autorizados

Mateo 7:6

No deis lo santo a los perros, ni echéis vuestras perlas delante de los cerdos, no sea que las pisoteen, y se vuelvan y os despedacen.

En los sistemas de seguridad digital, la encriptación protege la información confidencial para que no pueda ser leída ni manipulada por usuarios no autorizados. Se trata de codificar lo valioso, de modo que, aunque alguien acceda a los datos, no pueda interpretarlos ni usarlos sin la clave adecuada. En el campo espiritual, esta práctica se refleja en el discernimiento de cuándo hablar, qué revelar y a quién confiar lo que Dios ha depositado en nuestro corazón. Jesús advirtió claramente que lo santo no debe entregarse a quienes no valoran ni entienden su propósito. Esto no es elitismo espiritual, sino una estrategia de protección frente a un mundo que constantemente busca profanar lo sagrado.

Cada creyente tiene tesoros internos: promesas, experiencias, visiones y asignaciones que Dios ha dado específicamente para su desarrollo. Pero si estas perlas se entregan sin discernimiento, pueden ser distorsionadas, ridiculizadas o destruidas por quienes no entienden su valor. En un mundo donde todo se expone con ligereza, especialmente en redes sociales, es fácil abrir el corazón ante audiencias equivocadas. Lo que debería ser reservado para la intimidad con Dios o compartido con mentores espirituales, termina siendo profanado por desconocidos. La encriptación espiritual es una disciplina que protege lo que Dios ha confiado, reconociendo que no todo debe ser revelado a todos.

El ejército no comparte estrategias operacionales con soldados novatos ni con civiles; solo quienes tienen el rango adecuado y la autorización correspondiente pueden acceder a información clasificada. De igual manera, hay secretos espirituales que solo deben compartirse con quienes han demostrado madurez, fidelidad y reverencia. No todo aquel que se muestra interesado es confiable, y no todo el que escucha con atención tiene la intención correcta. El discernimiento es el código que nos permite saber cuándo hablar, cuándo callar y cuándo simplemente orar. Si fallamos en proteger lo sagrado, no solo perdemos información; comprometemos el plan de Dios en nuestras vidas.

La encriptación también tiene una función espiritual inversa: protegernos de los accesos externos que quieren corromper lo interno. Muchos creyentes exponen su corazón a voces, opiniones y contenidos que, aunque parezcan inocentes, llevan un código contaminado. Un mensaje disfrazado de motivación puede tener ideologías que alteran la verdad bíblica. Una conversación aparentemente inofensiva puede sembrar duda, desánimo o división. Por eso, así como protegemos lo que sale, también debemos proteger lo que entra, usando la Palabra como filtro y el Espíritu como intérprete.

Encriptar lo sagrado implica establecer límites claros con personas, plataformas y espacios que no valoran la santidad. No se trata de vivir aislados, sino de ser intencionales en lo que compartimos, dónde lo compartimos y con qué propósito. Algunos testimonios no deben hacerse públicos hasta que hayan sido procesados completamente en oración y madurez. Algunas visiones no deben exponerse hasta que estén acompañadas de respaldo espiritual. La exposición prematura puede producir aborto espiritual, donde el plan de Dios es saboteado antes de desarrollarse completamente.

El enemigo busca constantemente acceso a lo que Dios está construyendo en secreto en los corazones de Sus hijos. Como un hacker que intenta descifrar códigos, Satanás utiliza trampas emocionales, falsas relaciones o presiones externas para que revelemos lo que deberíamos guardar. Muchos grandes hombres y mujeres de Dios cayeron no por falta de unción, sino por hablar antes de tiempo o con la persona equivocada. Guardar silencio cuando es necesario no es cobardía, es sabiduría. Y hablar con precisión, solo cuando Dios lo indica, es señal de madurez en la guerra espiritual.

Finalmente, la encriptación espiritual preserva el misterio, la profundidad y el carácter sobrenatural de la obra de Dios en nosotros. No todo tiene que ser entendido por los demás para ser válido. Lo que Dios te reveló en secreto, Él lo sacará a la luz en Su tiempo y ante las personas correctas. Mientras tanto, protégete, guarda tu corazón y conserva lo santo con temor y temblor. Porque lo que es sagrado no se negocia ni se expone a quien no ha sido autorizado por el cielo.

Capítulo 17
Rescate de Soldados Heridos: Restauración Espiritual en Batalla

Isaías 61:1
"El Espíritu de Jehová el Señor está sobre mí, porque me ungió Jehová; me ha enviado a predicar buenas nuevas a los abatidos, a vendar a los quebrantados de corazón, a publicar libertad a los cautivos, y a los presos apertura de la cárcel."

Introducción del Capítulo 17

En toda guerra, las bajas no siempre significan muerte; muchos soldados son heridos, atrapados o quedan desorientados en medio del combate. Las fuerzas armadas tienen unidades especializadas en búsqueda y rescate para sacar a estos soldados del peligro y devolverlos a un lugar seguro. En el ejército espiritual, también enfrentamos situaciones donde los miembros del cuerpo de Cristo son alcanzados por el enemigo. Algunos caen por cansancio, otros por engaño, y otros simplemente por la intensidad de la batalla. Pero el corazón de Dios no es descartarlos, sino restaurarlos.

Uno de los errores más graves que ha cometido la iglesia es tratar a los heridos como si fueran desertores. En lugar de activar equipos de rescate, muchas veces los aislamos, criticamos o ignoramos. Esta actitud es contraria al corazón del Comandante Supremo, que dejó a las noventa y nueve para buscar una sola oveja perdida. Si el ejército terrenal no abandona a sus caídos, ¿cómo podríamos justificar que el ejército de Cristo lo haga? La restauración no es debilidad; es parte esencial de la misión.

Los soldados heridos no necesitan juicio, sino intervención médica y espiritual urgente. Un alma en crisis puede estar a segundos de rendirse, y lo que necesita no es una lección teológica, sino una mano que lo levante. El enemigo no solo hiere para detener a un creyente, sino también para enviar un mensaje de terror a los demás: "Si te hieren, nadie vendrá por ti." Este mensaje debe ser contrarrestado por una cultura de rescate activa y visible. El amor en acción es más poderoso que cualquier doctrina dicha desde la distancia.

La restauración no significa tolerar el pecado, sino redirigir al soldado a su posición original con la gracia que transforma. En la milicia, un rescatado no vuelve igual; pasa por rehabilitación, entrenamiento y evaluación antes de regresar al frente. En lo espiritual, ocurre lo mismo: Dios sana, pero también disciplina, corrige y realinea. Restaurar no es ignorar la caída, sino acompañar al herido hasta que vuelva a caminar bajo el orden del Reino. Es un proceso, no un permiso para repetir errores.

Cada iglesia debe funcionar como un centro de operaciones con un protocolo claro de rescate espiritual. No se trata de improvisar, sino de estar preparados: detectar, intervenir, cubrir y restaurar. Cuando esto se normaliza en la cultura de la iglesia, los soldados heridos saben que pueden gritar "¡Ayuda!" sin temor a ser rechazados. Esa seguridad fortalece al cuerpo entero y envía un mensaje claro al enemigo: "Aquí nadie queda atrás." Un ejército que restaura, vence con más poder.

Muchos de los soldados más valientes son aquellos que alguna vez fueron rescatados del borde de la muerte espiritual. Su testimonio, sanidad y nueva fuerza los convierten en agentes clave para otros en crisis. Dios no desperdicia heridas; las usa para entrenar y levantar nuevas generaciones con sensibilidad, autoridad y compasión. Pero para eso, la iglesia debe ser un hospital en medio del campo, no una corte marcial sin misericordia. Restaurar es una estrategia de avance, no una pérdida de tiempo.

Este capítulo explorará cómo el ejército espiritual debe operar en el rescate de los heridos. No es solo una responsabilidad pastoral, sino una tarea del cuerpo completo. Aprenderemos cómo actuar con prontitud, restaurar con verdad y reinsertar con sabiduría. Porque en la guerra espiritual, el enemigo celebra cada herida no tratada. Pero nosotros declaramos: todo soldado herido tiene esperanza si está en manos del Médico Supremo.

Reconocimiento de bajas espirituales: Saber cuándo alguien está herido

Gálatas 6:1

Hermanos, si alguno fuere sorprendido en alguna falta, vosotros que sois espirituales, restauradle con espíritu de mansedumbre; considerándote a ti mismo, no sea que tú también seas tentado.

Uno de los principios fundamentales en el combate militar es mantener constante vigilancia sobre el estado de cada miembro del escuadrón. Cuando un soldado cae o desaparece del radar, las unidades de reconocimiento tienen la tarea de identificar con rapidez lo ocurrido. En el ejército espiritual, esta labor también existe: debemos aprender a discernir cuándo un hermano ha sido herido emocional, moral o espiritualmente. No todos los que dejan de asistir a la iglesia están en rebeldía; algunos simplemente están heridos en silencio. Ignorar estas señales puede ser tan grave como abandonarlos en el campo de batalla.

El reconocimiento espiritual requiere sensibilidad, madurez y vigilancia continua. Hay quienes siguen viniendo al templo, pero lo hacen con el corazón desconectado y el alma sangrando. No basta con ver la presencia física; es necesario mirar con los ojos del Espíritu para detectar señales de fatiga, aislamiento, confusión o desesperanza. Así como un soldado puede caminar herido sin que nadie lo note, muchos creyentes aprenden a disimular su dolor por miedo a ser juzgados. Es responsabilidad del liderazgo y de cada miembro del cuerpo desarrollar un discernimiento compasivo.

Las señales de una baja espiritual no siempre son escandalosas; muchas veces son sutiles. Un cambio en el tono al adorar, una desconexión en la oración, una actitud evasiva o una baja repentina en el compromiso son alertas que no deben ignorarse. El Espíritu Santo da testimonio cuando algo no está bien, pero solo lo percibe el que está en sintonía con Él. La vigilancia no es control, sino amor activo por los compañeros de guerra. Quien ignora estas señales por comodidad o miedo a involucrarse, deja abierta una puerta para que el enemigo termine la obra destructiva.

El reconocimiento también requiere humildad para actuar sin juicio. Gálatas 6:1 deja claro que los espirituales restauran con mansedumbre, no con acusación ni superioridad. El objetivo no es evidenciar la herida, sino iniciar un proceso de sanidad. En el campo de batalla, cuando un soldado detecta que otro está herido, no le pregunta cómo se cayó; lo carga o llama ayuda sin demora. En lo espiritual, deberíamos imitar ese mismo reflejo inmediato: proteger primero, entender después.

La iglesia no puede funcionar como una institución indiferente donde las bajas se normalizan o se aceptan como "parte del proceso." Cada alma cuenta, cada herido importa, y cada silencio debe ser investigado con amor. No podemos permitirnos perder soldados por desatención espiritual. Un ejército exitoso no solo mide su fuerza por la cantidad de soldados activos, sino por su capacidad de mantenerlos firmes y sanos en la batalla. Si no detectamos a tiempo las heridas, terminaremos enfrentando crisis más graves después.

La responsabilidad de reconocer a los heridos no recae solamente en los pastores. Todo creyente maduro debe estar equipado para ver más allá de lo visible y responder con misericordia. En las fuerzas especiales, cada integrante tiene entrenamiento básico en primeros auxilios para actuar cuando el médico no está cerca. En la iglesia, cada uno debe ser capacitado en sensibilidad espiritual para que el enemigo no tenga ventaja por falta de acción oportuna. El descuido de uno puede ser la derrota de muchos.

Reconocer una baja espiritual es el primer paso hacia la restauración. No es una tarea fácil, pero es parte del llamado de todo soldado del Reino. Hay que prestar atención, orar con propósito y actuar sin temor. Porque cuando uno cae, todo el cuerpo lo siente; y cuando uno es restaurado, todo el cuerpo se fortalece. El ejército de Cristo será invencible en la medida que aprenda a proteger a sus heridos.

Intervención táctica: Actuar con rapidez y sensibilidad

Santiago 5:20

sepa que el que haga volver al pecador del error de su camino, salvará de muerte un alma, y cubrirá multitud de pecados.

En el campo de batalla, cuando un soldado es herido, no se espera una reunión de comité para tomar decisiones: se activa inmediatamente un protocolo de intervención. Cada segundo cuenta entre la vida y la muerte, y la rapidez de respuesta puede ser la diferencia entre rescatar o perder al compañero. En el ámbito espiritual, muchas veces la iglesia ha fallado no por falta de amor, sino por lentitud al intervenir. Las dudas, los temores al qué dirán o la falta de preparación han retrasado la acción cuando más se necesitaba. En vez de actuar como rescatistas, actuamos como espectadores.

La intervención táctica en el Reino requiere no solo rapidez, sino también sensibilidad. No es llegar gritando órdenes ni señalando errores, sino acercarse con discernimiento, compasión y dirección del Espíritu. En las fuerzas especiales, los equipos de rescate entrenan no solo para extraer, sino para hacerlo sin causar más daño. Lo mismo debe ocurrir en la iglesia: intervenir sin agravar la herida ni avergonzar al caído. La restauración no comienza con una confrontación, sino con una presencia que transmite paz, cuidado y firmeza.

Actuar con rapidez también implica disponibilidad. No se puede rescatar a nadie si el rescatista está siempre ocupado, distraído o desconectado emocionalmente. En la guerra espiritual, los mejores rescatistas son aquellos que mantienen una vida de comunión, oración y sensibilidad al mover de Dios. El Espíritu Santo muchas veces susurra: "Llama a esa persona," "Ve a visitarlo," "Ora por él ahora mismo." Ignorar esas órdenes puede costar la vida espiritual de alguien que está en crisis.

La sensibilidad no es sinónimo de debilidad, sino de precisión en la acción. Un médico militar debe saber dónde tocar, qué mover, qué cortar y qué dejar intacto. De la misma manera, quien interviene en una restauración espiritual debe saber cuándo hablar, cuándo callar y cuándo simplemente llorar con el herido. La dureza disfrazada de corrección solo produce más trauma; pero la verdad dicha con amor tiene poder sanador. No se trata de suavizar el pecado, sino de abrir la puerta al arrepentimiento sin cerrar el corazón.

La intervención también requiere respaldo estratégico. Ningún rescatista actúa solo en terreno hostil; siempre hay un equipo que lo cubre, una línea de comunicación activa y un plan de extracción. En la iglesia, esto se traduce en oración intercesora, apoyo pastoral, seguimiento y cuidado continuo. No basta con una visita o una palabra bonita; restaurar es caminar junto al herido hasta que vuelva a pararse firme. El proceso puede ser largo, pero cada paso dado con amor y estructura produce frutos duraderos.

En ocasiones, el rescatista también corre peligro si no está bien cubierto. Hay casos donde al ayudar a alguien en pecado, el rescatador termina atrapado en la misma trampa. Por eso Santiago 5:20 advierte que quien hace volver al pecador salva un alma, pero también debe hacerlo desde una posición firme y espiritual. La intervención no es para los inestables ni los emocionalmente reactivos, sino para los espirituales que saben discernir sin comprometerse. Actuar sin preparación puede multiplicar el daño.

En resumen, la intervención táctica en la guerra espiritual no es opcional; es parte de la misión del ejército del Reino. Hay que actuar cuando el Espíritu lo indica, sin titubeos y con el corazón alineado a la misericordia de Dios. Cada herido que es rescatado a tiempo representa una victoria contra el infierno. Y cada creyente que aprende a intervenir con sensibilidad se convierte en una extensión de las manos de Cristo. Porque donde el hombre ve ruina, Dios ve redención posible.

Reinserción en las filas: Volver a caminar sin vergüenza

Salmo 147:3

El sana a los quebrantados de corazón, y venda sus heridas.

Después de un rescate exitoso, ningún ejército deja al soldado a su suerte; comienza un proceso de recuperación y reintegración cuidadosamente supervisado. El objetivo no es solo sanar físicamente, sino restaurar la confianza, la identidad y la función del combatiente. De la misma manera, en el ejército espiritual, no basta con rescatar al herido; hay que acompañarlo hasta que vuelva a su posición con firmeza y sin vergüenza. La vergüenza es una estrategia del enemigo para mantener al creyente paralizado, aunque ya esté perdonado. Si no ayudamos al restaurado a reintegrarse completamente, corremos el riesgo de perderlo nuevamente.

La reinserción requiere una cultura de gracia dentro del cuerpo de Cristo. Si la iglesia sigue viendo al restaurado como “el que cayó”, jamás podrá volver a caminar en libertad ni servir con efectividad. El pecado confesado, perdonado y tratado no debe convertirse en un estigma permanente. Así como en el ejército hay ceremonias de reintegración para honrar al soldado que regresa, la iglesia debe celebrar cada alma restaurada como una victoria del Reino. El perdón de Dios debe ser visible no solo en doctrina, sino en el trato cotidiano.

Parte de la reinserción implica darle nuevamente responsabilidad progresiva. No se trata de restaurar a alguien apresuradamente al liderazgo, pero sí de involucrarlo en tareas donde su valor y dignidad sean reafirmados. El soldado que fue herido, si es bien guiado, puede convertirse en un mentor para otros en situaciones similares. Lo que el enemigo usó para debilitarlo, Dios lo usa ahora como instrumento de compasión, sabiduría y autoridad. La clave es establecer un plan pastoral que combine rendición de cuentas, discipulado y apoyo emocional.

Es importante que el restaurado sepa que aún tiene propósito y misión. Uno de los mayores peligros tras una caída es creer que ya no se es útil en el Reino. Pero Dios no desecha vasijas quebradas; las restaura y las usa con mayor gloria. El proceso de reinserción debe declarar: "No eres tu pasado; eres lo que Dios está haciendo contigo ahora." Esta declaración se convierte en el escudo contra la acusación y la duda que constantemente el enemigo intenta sembrar.

El equipo espiritual que acompaña al restaurado debe estar compuesto por personas maduras, discretas y empáticas. No todos están capacitados para manejar este tipo de proceso sin emitir juicios ni abrir heridas. Así como en el ejército se asignan oficiales específicos para acompañar a los heridos en su rehabilitación, en la iglesia se deben establecer relaciones de mentoría o acompañamiento pastoral. El restaurado no debe caminar solo en esta etapa crítica. Su sanidad total requiere un entorno seguro y edificante.

Es esencial también preparar a la congregación para que participe del proceso sin morbo ni resistencia. Hay que enseñar que todos estamos en guerra, y que cualquiera puede ser herido. Restaurar a alguien públicamente —cuando sea apropiado— y con dignidad ayuda a derribar la cultura del juicio y construir una comunidad de redención. En lugar de ver con sospecha al restaurado, debemos ver con esperanza lo que Dios hará a través de él. Un ejército que honra a los que se levantan es un ejército más fuerte.

Finalmente, reintegrar a un soldado espiritual herido es testimonio del poder del Evangelio. No solo salvamos un alma; rescatamos un testimonio, una voz, una asignación que el infierno intentó silenciar. Cada cicatriz se convierte en una medalla de guerra que glorifica a Dios. Y cada restaurado que vuelve a las filas es evidencia viva de que la gracia no solo perdona, sino que empodera. En el ejército del Reino, nadie que ha sido sanado debe quedarse al margen: todos tienen un lugar en la batalla.

Capítulo 18
Adaptabilidad Táctica: Flexibilidad Para Nuevos Frentes de Batalla

2 Timoteo 4:2
"Que prediques la palabra; que instes a tiempo y fuera de tiempo; redarguye, reprende, exhorta con toda paciencia y doctrina."

Introducción del Capítulo 18

Uno de los valores más importantes en cualquier unidad militar moderna es la capacidad de adaptarse rápidamente a terrenos, enemigos y condiciones cambiantes. Las guerras ya no se libran siempre en campos abiertos; ahora ocurren en ciudades, en redes digitales, en espacios geopolíticos volátiles. Del mismo modo, la iglesia del siglo 21 enfrenta batallas en contextos que antes no existían: ideologías agresivas, plataformas virtuales, cultura postcristiana y persecución encubierta. La rigidez estratégica puede significar la derrota espiritual si no se acompaña con obediencia flexible a la dirección del Espíritu. Ser fiel a la Palabra no significa ser inmóvil en el método.

El apóstol Pablo entendía bien esta dinámica; él se hizo "a todos para ganar a algunos." No comprometió su doctrina, pero sí transformó su forma de presentar el mensaje según el contexto. Esta adaptabilidad le permitió conquistar nuevos frentes sin perder eficacia espiritual. El creyente moderno, por tanto, debe aprender a escuchar a Dios no solo para recibir instrucciones, sino para actualizar la manera en que esas instrucciones se aplican hoy. La batalla sigue siendo por las almas, pero el terreno y las estrategias se han diversificado.

En el ejército, las fuerzas especiales son entrenadas para responder con eficacia tanto en selva como en desierto, en nieve o en ciudad. Esta capacidad táctica es el resultado de una mentalidad abierta al cambio y una preparación continua. En lo espiritual, necesitamos creyentes y líderes que sepan moverse con soltura en diversos entornos sin perder su identidad. La falta de adaptabilidad no es señal de firmeza, sino a veces de inseguridad mal disfrazada. Dios no cambia, pero los frentes de batalla sí.

La iglesia que no se adapta, se atrasa; y la que se atrasa, pierde terreno. Muchos ministerios fracasan no por falta de unción, sino por negarse a actualizar su lenguaje, su estrategia y su enfoque para responder a nuevas generaciones. Adaptabilidad no es mundanalidad; es inteligencia espiritual aplicada al avance del Reino. Un comandante que insiste en usar mapas antiguos en un campo de guerra redibujado expone a sus tropas al desastre. Necesitamos ojos proféticos para leer el terreno y pies apostólicos para avanzar con precisión.

Adaptarse también requiere humildad. Muchos líderes han elevado sus métodos al nivel de doctrina, y eso ha frenado el mover del Espíritu en sus congregaciones. La fidelidad al llamado no se demuestra repitiendo fórmulas pasadas, sino obedeciendo la dirección actual de Dios, incluso cuando parezca incómoda o incierta. La historia bíblica está llena de momentos donde Dios cambió la forma de operar para alcanzar un nuevo propósito. El que no se adapta, se convierte en un estorbo en lugar de un recurso.

La adaptabilidad táctica también implica entender que no todos los soldados operan igual en todos los frentes. Algunos brillan en evangelismo callejero, otros en redes, otros en consejería personal, y otros en ambientes académicos. El comandante sabio asigna a sus soldados según sus fortalezas, no según estructuras antiguas. Lo mismo debe hacer la iglesia: reconocer los dones, preparar a cada uno, y enviarlos con estrategia a donde puedan ser más efectivos. La batalla moderna exige versatilidad bien dirigida.

Este capítulo nos llevará a entender cómo desarrollar una mentalidad flexible sin perder convicción, cómo reconocer los cambios del campo espiritual, y cómo avanzar con visión profética en medio de la guerra moderna. Porque el que no cambia, se estanca; y el que se estanca, cae. Pero el que se adapta por dirección del Espíritu, permanece firme y conquista. En tiempos de confusión, Dios busca soldados que sepan moverse con precisión y obediencia. Y esos serán los que marcarán la diferencia en esta generación.

Lectura del terreno espiritual: Discernir el contexto antes de actuar

Eclesiastés 3:1

Todo tiene su tiempo, y todo lo que se quiere debajo del cielo tiene su hora.

Antes de cualquier operación militar, una de las tareas más importantes es el reconocimiento del terreno. Esta etapa permite identificar rutas seguras, zonas hostiles, obstáculos naturales y patrones del enemigo. Ningún comandante sabio envía tropas sin primero analizar el contexto donde se desarrollará la misión. De igual manera, el creyente debe aprender a discernir el terreno espiritual antes de actuar, hablar o establecer una estrategia. No todos los lugares requieren la misma táctica, y no todas las personas están en el mismo nivel de receptividad.

Hay momentos en los que una confrontación directa es necesaria, y otros en los que el silencio estratégico produce mejores resultados. La sensibilidad al terreno espiritual se desarrolla con oración, ayuno y una vida en constante dependencia del Espíritu Santo. Sin esa sensibilidad, se corre el riesgo de operar en la carne, pensando que se está cumpliendo una misión espiritual. Eclesiastés 3:1 nos recuerda que hay tiempos y formas, y que discernirlos es parte de la sabiduría táctica. Actuar fuera de tiempo, aunque con buenas intenciones, puede traer más daño que avance.

En el terreno espiritual moderno, hay zonas que antes eran fértiles y ahora son hostiles, y viceversa. Por ejemplo, hablar del evangelio en una plaza pública en ciertos países ya no produce el mismo efecto que hace veinte años. A la vez, algunos espacios digitales que antes eran evitados por la iglesia hoy son el nuevo campo misionero. No discernir estos cambios hace que se inviertan esfuerzos en lugares donde ya no hay cosecha, mientras se descuidan los nuevos frentes. Discernir el terreno es saber dónde sembrar, dónde arar, dónde defender y dónde avanzar.

El creyente que aprende a leer el terreno se convierte en una herramienta clave para su congregación y su generación. No se deja llevar por emociones, tradiciones o caprichos; actúa con precisión y propósito. Así como un francotirador no dispara hasta que identifica el blanco y las condiciones correctas, el hijo de Dios no se precipita en decisiones espirituales importantes. Su enfoque está en la efectividad del Reino, no en impresionar al público. La victoria espiritual no es por cantidad de movimiento, sino por calidad de obediencia.

Muchos errores ministeriales han nacido de la incapacidad de discernir el terreno antes de actuar. Desde iglesias fundadas en lugares sin respaldo espiritual, hasta decisiones tomadas por presión cultural en lugar de dirección divina. Cada espacio tiene una atmósfera, una historia y una resistencia particular, y el creyente debe saber leer eso antes de establecer una estrategia. No todos los frentes se abren con alabanza; algunos requieren intercesión, otros enseñanza, y otros relaciones a largo plazo. La lectura del terreno define la táctica adecuada.

Esta capacidad también protege al soldado espiritual de frustraciones innecesarias. Cuando alguien actúa sin discernir, interpreta la falta de resultados como fracaso, sin entender que quizás no era el tiempo ni el lugar. Dios no solo llama a hacer cosas, sino a hacerlas en Su tiempo y con Su guía. Discernir el terreno evita heridas emocionales, divisiones innecesarias y desgaste espiritual. La sabiduría en la guerra espiritual no se mide solo por pasión, sino por alineamiento con la estrategia del Comandante.

En conclusión, todo soldado del Reino debe ser entrenado para leer el terreno espiritual antes de moverse. Esto no es debilidad ni lentitud, sino táctica espiritual aplicada. El que disierne primero, avanza con mayor firmeza y menor pérdida. Porque cuando el terreno es entendido, la victoria se convierte en cuestión de obediencia. Y en tiempos de guerra, eso es exactamente lo que el cielo busca: soldados que no solo luchen, sino que sepan cuándo, dónde y cómo hacerlo.

Reconfiguración operativa: Ajustar estrategias sin perder visión

Hechos 16:6-7

Y atravesando Frigia y la provincia de Galacia, les fue prohibido por el Espíritu Santo hablar la palabra en Asia; y cuando llegaron a Misia, intentaron ir a Bitinia, pero el Espíritu no se lo permitió.

En toda operación militar, llega el momento en que los planes iniciales deben ser reajustados. El enemigo cambia de posición, el clima interfiere o el terreno presenta obstáculos imprevistos. En esos casos, los comandantes no abandonan la misión; simplemente reconfiguran la estrategia para seguir avanzando. Lo mismo succede en la guerra espiritual: Dios a veces cierra puertas o cambia direcciones que parecían lógicas. Aprender a ajustar sin perder la visión es una señal de madurez y obediencia.

Pablo y su equipo misionero tenían el deseo legítimo de predicar en Asia, pero el Espíritu les cerró ese frente. Eso no significó fracaso, sino redirección. El soldado espiritual debe entender que no todo "no" divino es castigo; muchas veces es parte de una reconfiguración estratégica. Dios conoce el mapa completo, y nosotros solo vemos una parte. La flexibilidad para cambiar de dirección sin frustrarse es vital en quienes desean avanzar eficazmente.

Reconfigurar también implica deshacerse de métodos que ya no producen fruto. Lo que funcionó en una temporada no necesariamente se aplica en la siguiente. Muchos ministerios se estancan por aferrarse a fórmulas pasadas que ya no responden al nuevo terreno. La fidelidad no está en repetir lo viejo, sino en permanecer alineado con el objetivo central del Reino: alcanzar almas y discipular naciones. El Espíritu Santo no está comprometido con nuestros métodos, sino con Su propósito eterno.

El orgullo ministerial muchas veces impide esta reconfiguración necesaria. Algunos líderes prefieren mantener el mismo modelo, aunque esté muriendo, antes que reconocer la necesidad de cambio. Pero en el ejército, un buen comandante se gana el respeto no por mantenerse terco, sino por saber cuándo es hora de cambiar el plan para salvar a su tropa. En el Reino, lo mismo aplica: el que se adapta por dirección de Dios demuestra liderazgo real. La terquedad no es firmeza; es necedad disfrazada.

La reconfiguración debe estar basada en oración y consejo sabio, no en reacción emocional. No se trata de cambiar por presión externa, sino de moverse en obediencia interna. El Espíritu Santo sigue hablando, pero solo quienes están atentos a Su voz podrán ajustar su paso sin perder la misión. Cambiar el método no cambia la meta. El mensaje sigue siendo Cristo; la forma puede ser renovada para alcanzar mejor al mundo actual.

Además, reconfigurar no es sinónimo de inestabilidad, sino de agilidad táctica. Los soldados de élite no improvisan; se adaptan con inteligencia y precisión. El creyente que ha sido formado en la disciplina espiritual puede hacer ajustes rápidos sin comprometer su santidad ni su doctrina. Esos son los combatientes que permanecen útiles en cualquier temporada. Dios no busca gente anclada en el pasado, sino dispuesta a moverse al compás de Su voluntad presente.

En resumen, la adaptabilidad táctica incluye la capacidad de reconfigurar operaciones espirituales sin perder la visión original. Lo que no se ajusta, se estanca. Y lo que se estanca, se vuelve vulnerable al enemigo. La iglesia y el creyente que aprenden a cambiar el paso sin abandonar el propósito se convierten en instrumentos ágiles y poderosos en manos del Señor. Porque el Reino avanza con los que saben cuándo detenerse, cuándo moverse y cuándo rediseñar la ruta para llegar al destino eterno.

Innovación estratégica: Caminos nuevos para avanzar en la mission

Isaías 43:19
"He aquí que yo hago cosa nueva; pronto saldrá a luz; ¿no la conoceréis? Otra vez abriré camino en el desierto, y ríos en la soledad."

La innovación estratégica en la vida espiritual no significa inventar un evangelio distinto, sino aplicar la Palabra eterna a escenarios cambiantes. El profeta Isaías anuncia que Dios hace cosas nuevas, lo cual requiere una iglesia dispuesta a percibirlas. El soldado espiritual que se aferra a métodos caducos se convierte en blanco fácil para el enemigo. Por eso, la innovación no es un lujo, sino una necesidad táctica en un campo de batalla en constante transformación. Dios sigue abriendo caminos donde no los había, y espera que sus soldados los recorran con valentía. La fidelidad se mide en obediencia, no en repetir fórmulas.

En el plano militar, los ejércitos más eficaces son los que innovan para sorprender al adversario. Lo mismo sucede en lo espiritual: el enemigo espera que actuemos como siempre, pero el Espíritu Santo nos dirige a tácticas inesperadas. Lo que parece absurdo para la razón humana puede ser la clave de la victoria espiritual. Innovar significa obedecer instrucciones frescas del cielo aunque no encajen con la lógica humana. El creyente que vive atento a la voz de Dios nunca se queda sin estrategia. Su innovación no nace de creatividad personal, sino de dependencia divina.

La Biblia está llena de ejemplos de innovación estratégica que rompieron esquemas humanos. Josué derribó Jericó marchando y tocando trompetas, algo jamás visto antes. Gedeón venció a los madianitas con un ejército reducido, antorchas y cántaros en lugar de espadas. Jesús sanó a un ciego usando barro y saliva, mostrando que el poder de Dios no se limita a un método. Estos episodios revelan que la victoria no depende de fórmulas, sino de obediencia. El creyente flexible aprende que la innovación divina no contradice la Palabra, sino que la aplica de manera fresca y viva.

La innovación también se aplica en la misión de la iglesia hacia nuevas generaciones. Los mismos principios del evangelio pueden presentarse con lenguajes y plataformas distintas. El mensaje no cambia, pero la manera de comunicarlo debe ajustarse a cada contexto. Lo que antes era efectivo en la plaza pública hoy puede serlo en las redes sociales o en el ámbito académico. El Espíritu Santo inspira formas creativas para que la Palabra llegue al corazón de cada cultura. Resistirse a estas formas es como negarse a usar armas nuevas en un frente de guerra moderno.

La resistencia al cambio es uno de los mayores obstáculos de la innovación espiritual. Muchos confunden la fidelidad con la terquedad y elevan sus métodos al nivel de doctrina. Esto apaga el mover del Espíritu y encierra la misión en moldes humanos. Innovar no significa abandonar convicciones bíblicas, sino aplicarlas con agilidad en escenarios cambiantes. Los soldados que se resisten a usar nuevas tácticas exponen a su escuadrón al fracaso. La innovación estratégica requiere humildad para reconocer que Dios puede actuar de maneras distintas a las que estamos acostumbrados.

La innovación también protege de la irrelevancia. Una iglesia que se niega a renovar sus métodos pierde contacto con su generación. El evangelio sigue siendo poder de Dios, pero si se presenta en moldes viejos puede ser ignorado por quienes más lo necesitan. La innovación bajo el Espíritu mantiene viva la misión y asegura que Cristo sea escuchado en todo tiempo. El Reino no se estanca; avanza constantemente hacia nuevos territorios. Y solo los que se atreven a caminar por caminos inéditos verán la gloria de Dios en escenarios donde otros no quisieron entrar.

Finalmente, la innovación estratégica es un acto de fe y valentía. Requiere soltar lo seguro para obedecer lo nuevo que Dios está mostrando. El soldado que se atreve a dar pasos diferentes inspira a otros a romper sus propias barreras. La innovación trae oposición, pero también abre puertas de expansión y multiplicación. Los que obedecen instrucciones frescas del cielo son los que marcan la diferencia en su generación. Innovar en el Espíritu no es ser moderno, es ser obediente. Y en esa obediencia se revela la victoria que transforma campos de batalla imposibles en testimonios de gloria.

Parte 5
Tácticas de Batalla en Grupos de Combate Espiritual

Capítulo 19
Entrenando Para la Misión: La Práctica eEspiritual Antes de la Batalla

2 Timoteo 2:3-4

"Tú, pues, sufre penalidades como buen soldado de Jesucristo. Ninguno que milita se enreda en los negocios de la vida, a fin de agradar a aquel que lo tomó por soldado."

Introducción del Capítulo 19

En todo ejército, el entrenamiento previo a la misión es lo que define el éxito o el fracaso en el campo de batalla. Ningún soldado es enviado sin preparación, sin ensayo ni sin repetición constante de lo que tendrá que ejecutar bajo presión. Las habilidades se forman en tiempo de paz para que respondan en tiempo de guerra. El entrenamiento no solo afina la técnica, sino que forma el carácter, la obediencia y la resistencia. De igual manera, la vida espiritual exige práctica disciplinada antes de ser puesta a prueba en el conflicto real.

Muchos creyentes desean participar en grandes batallas espirituales, pero descuidan el proceso de preparación personal. La oración, el estudio bíblico, el ayuno y la obediencia cotidiana son los ejercicios del soldado espiritual. No se trata de religiosidad, sino de acondicionamiento espiritual constante. Aquello que no se practica, se debilita; y lo que no se fortalece antes, colapsa en el momento de presión. Dios no unge improvisación, sino disposición entrenada y rendida.

En la milicia, los entrenamientos son repetitivos, exigentes y muchas veces incómodos, pero tienen un propósito claro: formar reflejos automáticos bajo estrés. En lo espiritual, el entrenamiento moldea la mente, el corazón y la voluntad para responder a Dios aun cuando la carne quiera rendirse. Las crisis no son el lugar para comenzar a aprender obediencia; son el escenario donde se manifiesta lo que se cultivó en lo secreto. Por eso, antes de cada envío divino, hay una temporada de formación intensa. Nadie que no haya sido entrenado adecuadamente puede permanecer firme en la batalla.

Jesús entrenó a Sus discípulos durante tres años antes de enviarlos a transformar el mundo. Les enseñó a orar, a resistir, a depender del Padre y a actuar con fe frente a lo imposible. Ese entrenamiento fue su base para enfrentar persecución, rechazo y oposición demoníaca después de Su ascensión. El patrón sigue vigente: Dios forma en privado lo que usará en público. Pretender manifestar poder sin haber sido moldeado en disciplina es sabotear la misión.

El entrenamiento espiritual no es solo para líderes o ministros; todo creyente es llamado a prepararse como si fuera a ser desplegado en cualquier momento. Las misiones del Reino no siempre se anuncian con antelación; a veces llegan de forma inesperada. Quien ya está preparado puede responder sin temor ni improvisación. La preparación previa honra el llamado y demuestra responsabilidad ante el ejército celestial. Y sobre todo, protege al creyente de ser un eslabón débil en medio de la batalla.

En el entrenamiento también se forja la unidad con otros soldados. Los ejércitos no se entrenan individualmente, sino en escuadrones, compañías y pelotones. Lo mismo aplica en la iglesia: practicar juntos crea sincronía espiritual, discernimiento colectivo y confianza en medio del combate. El que no entrena con el grupo, tropieza con el grupo. La misión no será exitosa si los miembros del cuerpo no se conocen ni han ensayado juntos su función.

Este capítulo nos llevará a entender el valor del entrenamiento espiritual como preparación vital antes de la batalla. Veremos que el secreto no está solo en el conocimiento, sino en la práctica disciplinada y constante. Dios busca soldados disponibles, pero también preparados. Porque el entrenamiento no es opcional; es el acto de amor que garantiza que cumpliremos nuestra misión y regresaremos con victoria. Y cada creyente debe vivir entrenando como si mañana fuera enviado al frente.

Disciplina diaria: Forjar hábitos que sostienen en combate

1 Corintios 9:27

Sino que golpeo mi cuerpo, y lo pongo en servidumbre, no sea que habiendo sido heraldo para otros, yo mismo venga a ser eliminado.

En todo ejército, la disciplina diaria es el cimiento sobre el cual se construye todo lo demás. Los soldados no se levantan cuando quieren ni entrenan cuando les parece; siguen una rutina estricta que forja obediencia, resistencia y mentalidad. Esta estructura no se considera opresiva, sino esencial para la supervivencia en combate. En la vida espiritual, ocurre lo mismo: el creyente que no cultiva disciplina se vuelve vulnerable cuando el enemigo ataca. La falta de hábito en lo sencillo siempre se revela en lo crítico.

Pablo comprendía este principio cuando dijo que golpeaba su cuerpo y lo ponía en servidumbre. Su lenguaje no era simbólico religioso, sino militar; hablaba de entrenamiento, autocontrol y constancia. La disciplina diaria no se trata de legalismo, sino de formar un estilo de vida donde Dios tenga prioridad constante. Leer la Palabra, orar, meditar, ayunar y obedecer no deben depender de emociones, sino de decisión. Esos hábitos son como el entrenamiento físico de un soldado: cansan, pero fortalecen.

Muchos caen en batalla no por falta de sinceridad, sino por falta de preparación. Desean vencer la tentación, pero no han fortalecido su espíritu en la práctica privada. Cuando llega la presión, no tienen con qué resistir porque su alma está débil por falta de ejercicio espiritual. La disciplina es ese músculo que se desarrolla en el anonimato, pero sostiene en la tormenta. No se trata de cuánto se sabe, sino de cuán constante se es en lo esencial.

En la milicia, la repetición forma reflejos automáticos que salvan vidas en combate. En la vida cristiana, la repetición de prácticas espirituales forma convicciones profundas que sostienen el alma bajo fuego. El que ora todos los días, desarrolla una comunión con Dios que no se rompe fácilmente. El que medita la Palabra a diario, tiene armas listas cuando el enemigo ataca con mentiras. No hay sustituto para la constancia en lo espiritual.

La disciplina también protege del autoengaño. Muchos creen que están bien con Dios simplemente porque asisten a la iglesia o tienen conocimiento bíblico. Pero sin práctica diaria, ese conocimiento no se traduce en fortaleza real. La disciplina revela si lo que decimos creer realmente gobierna nuestro estilo de vida. Es el filtro que muestra si estamos listos para la batalla o si solo hablamos como soldados sin haber entrenado como tales.

Asimismo, la disciplina conecta con la identidad. El soldado no entrena solo para cumplir una orden, sino porque su entrenamiento reafirma quién es. El creyente disciplinado vive su día como alguien enviado, no como alguien improvisado. Cada oración, cada lectura bíblica, cada momento a solas con Dios refuerza su sentido de misión. Y en un mundo saturado de distracciones, la disciplina diaria es un acto profético que declara: "Pertenezco al Reino y me preparo para Su causa."

En conclusión, quien entrena diariamente no será tomado por sorpresa cuando la batalla comience. Estará listo en espíritu, cuerpo y mente para hacer frente al enemigo con autoridad y paz. La disciplina no es solo útil; es vital. Y como Pablo, debemos vivir golpeando nuestro cuerpo espiritual, no por castigo, sino por compromiso con el llamado. Porque el que entrena con rigor, pelea con firmeza y termina su carrera con victoria.

Simulación bajo presión: Ensayar respuestas espirituales reales

Proverbios 24:10

Si fueres flojo en el día de la angustia, tu fuerza será reducida.

En el ámbito militar, los entrenamientos no solo consisten en ejercicios físicos o rutinas mecánicas; incluyen simulaciones diseñadas para imitar condiciones reales de combate. Estas simulaciones colocan al soldado en ambientes controlados pero exigentes, donde debe aplicar lo aprendido bajo presión emocional, física y mental. El objetivo no es castigarlo, sino prepararlo para responder correctamente cuando llegue el momento real. En lo espiritual, también debemos ensayar nuestras respuestas en escenarios donde la fe es desafiada. No se trata de vivir en paranoia, sino de preparar el alma para momentos donde todo será puesto a prueba.

Muchos creyentes esperan reaccionar con firmeza en medio de la angustia, pero nunca se han ejercitado espiritualmente bajo tensión. La práctica en lo secreto debe incluir tiempos de búsqueda intensos, desafíos internos y confrontaciones intencionales con la Palabra. Así como el soldado ensaya con fuego simulado, el creyente debe aprender a orar en medio del cansancio, a declarar verdad en medio de la duda y a resistir cuando el alma quiere huir. Estas prácticas desarrollan musculatura espiritual genuina. El día de la angustia no perdona la flojera espiritual.

La simulación no es entretenimiento; es parte del adiestramiento. Cuando un creyente enfrenta oposición menor y la ignora, está desperdiciando oportunidades para entrenar su espíritu. Cada crítica, cada distracción, cada tentación sutil puede convertirse en un espacio de práctica si se aborda con visión de Reino. La reacción correcta en lo pequeño prepara para decisiones grandes. El que es fiel en poco, también será fiel en lo mucho.

Los momentos simulados también revelan las áreas que aún necesitan fortalecerse. A veces, el soldado falla en una simulación porque descuidó un paso, una herramienta o una instrucción. Eso no es derrota; es diagnóstico. En lo espiritual, fallar en una prueba menor puede alertarnos sobre una debilidad que, de no ser tratada, podría ser fatal en la batalla verdadera. Por eso es mejor identificar los puntos frágiles antes del conflicto real.

El entrenamiento bajo presión también desarrolla templanza. En el combate espiritual, no basta con conocer la verdad; hay que saber aplicarla con paz y dominio propio en medio de la tensión. La simulación bien dirigida enseña al alma a no reaccionar con carne, sino a responder con el espíritu. Eso requiere repetición, humildad y guía del Espíritu Santo. Los soldados bien entrenados no entran en pánico: respiran, evalúan y ejecutan con precisión.

Este tipo de entrenamiento también debe ser colectivo. Así como los escuadrones practican juntos tácticas de rescate, defensa y avance, los creyentes deben ejercitarse juntos en oración, guerra espiritual y resolución de conflictos. La práctica conjunta fortalece la unidad, genera confianza y refuerza la sincronización. En la batalla, no hay tiempo para improvisar relaciones o estrategias. Todo debe haberse practicado antes.

En conclusión, ensayar respuestas bajo presión espiritual no es pérdida de tiempo, sino inversión de preparación. Cada situación difícil antes de la guerra es una oportunidad para reforzar el carácter, corregir errores y fortalecer la fe. Proverbios

24:10 nos advierte que si fallamos en el día difícil, es porque no nos preparamos bien. Pero si entrenamos con intención y enfoque, el día de la prueba nos encontrará listos. Porque el que simula con seriedad, vencerá con autoridad.

Mentalidad de preparación: Vivir como si la misión comenzara hoy

Lucas 12:35

Estén ceñidos vuestros lomos, y vuestras lámparas encendidas.

En la milicia, se enseña a cada soldado a estar listo para el despliegue en cualquier momento. Su equipo debe estar empacado, sus armas limpias, su mente enfocada y su cuerpo en condiciones óptimas. Esta disposición no es paranoia, sino mentalidad de preparación, basada en la realidad de que la orden puede llegar sin previo aviso. En el Reino de Dios, el mismo principio aplica: debemos vivir como si la misión espiritual comenzara hoy. Esperar el "momento perfecto" es un lujo que el ejército del Señor no puede darse.

Jesús enseñó a Sus discípulos a vivir ceñidos, con las lámparas encendidas, porque no sabían la hora en que serían llamados. Esta imagen evoca vigilancia activa, no pasividad disfrazada de espiritualidad. La preparación continua no es solo para emergencias, sino para oportunidades divinas que se presentan sin programación previa. A veces, una conversación casual se convierte en una intervención celestial; una situación rutinaria se transforma en un escenario de guerra espiritual. Solo quien vive preparado puede responder con autoridad en ese instante.

La mentalidad de preparación también afecta cómo usamos el tiempo. El creyente que sabe que puede ser llamado en cualquier momento no malgasta sus días en distracciones, pleitos o cosas vanas. Se entrena, se disciplina y se mantiene conectado a la visión del Reino. Así como un soldado activo cuida su condición física aunque no esté en combate directo, el cristiano se edifica constantemente, aunque aún no esté en el frente visible. Esa preparación es su escudo contra la sorpresa y su plataforma para el servicio.

Vivir preparados también significa tener el corazón limpio y la conciencia en paz. Un soldado no solo debe estar físicamente listo, sino moral y emocionalmente estable para no comprometer la misión. El creyente debe andar en perdón, con cuentas claras delante de Dios y sin distracciones internas que afecten su enfoque. Muchos no pueden ser enviados porque su alma sigue enredada en batallas innecesarias. Dios no puede usar a quien no ha resuelto su propio campo interior.

La preparación no es una temporada, sino un estilo de vida. Quienes entienden su llamado no bajan la guardia ni se acomodan espiritualmente. Mantienen su lámpara encendida, su oído atento y su espíritu afilado. Saben que la guerra no se anuncia, y que la victoria depende de lo que ya tienen dentro, no de lo que intenten improvisar. Esta es la diferencia entre los que reaccionan y los que responden.

El soldado preparado también inspira a otros. Su ejemplo despierta urgencia, disciplina y visión en quienes lo rodean. Así como en un escuadrón la actitud de uno puede elevar la preparación del grupo entero, en la iglesia cada creyente listo contagia una cultura de alerta espiritual. Dios honra a quienes se preparan sin necesidad de aplausos ni plataformas. Porque saben que el llamado puede llegar en cualquier forma: una oportunidad de ministrar, un momento de intercesión o una prueba inesperada.

En conclusión, la mentalidad de preparación es la marca de todo verdadero soldado del Reino. No espera sentir, ni ver, ni entender completamente; simplemente se mantiene listo. Jesús no vendrá a avisar cuándo es el día, ni el enemigo a anunciar cuándo atacará. Pero el que vive ceñido y con lámpara encendida estará listo tanto para servir como para resistir. Porque la misión puede comenzar hoy, y solo los preparados serán efectivos.

Capítulo 20
Ejecutando Sin Distracciones: Enfocados en Nuestra Parte

Nehemías 6:3
"Y les envié mensajeros, diciendo: Estoy haciendo una gran obra, y no puedo ir; porque cesaría la obra, si yo la dejara para ir a vosotros."

Introducción del Capítulo 20

En el campo de batalla, la ejecución precisa del rol asignado puede marcar la diferencia entre el triunfo y el desastre. Cada soldado tiene una función específica dentro del plan maestro, y desviarse de ella, aunque sea por un instante, puede abrir una brecha mortal. La guerra moderna exige concentración total en la misión personal, sin caer en comparaciones, interferencias o emociones desestabilizantes. En el Reino de Dios, ocurre exactamente lo mismo: cada creyente tiene una parte que debe cumplir con fidelidad y enfoque absoluto. La distracción, por pequeña que sea, es una de las herramientas más eficaces del enemigo.

Nehemías entendió este principio cuando resistió las múltiples invitaciones a distraerse de la reconstrucción del muro. Su respuesta revela el corazón de un verdadero combatiente espiritual: "Estoy haciendo una gran obra, y no puedo ir." Esa declaración representa la firmeza de quien conoce su asignación y no se deja mover por presiones externas. Hoy más que nunca, la iglesia necesita hombres y mujeres que ejecuten su parte con convicción, sin dejarse arrastrar por las demandas emocionales, sociales o religiosas del entorno. El enfoque en medio del ruido es una señal de madurez espiritual.

Las distracciones en la guerra no siempre vienen disfrazadas de ataques frontales; muchas veces son pequeñas interrupciones que parecen inofensivas. Un soldado que contesta un mensaje personal durante una operación táctica pone en riesgo a todo su equipo. De igual modo, el creyente que vive dividido entre su llamado y los ruidos del mundo pierde eficacia, discernimiento y autoridad. La falta de enfoque genera confusión interna, agotamiento y decisiones impulsivas. Por eso es vital proteger la mente y el corazón de cualquier cosa que robe la atención de la misión asignada.

Ejecutar sin distracciones también implica saber decir "no" con firmeza, sin culpa ni doble ánimo. Hay propuestas, personas y actividades que, aunque no sean malas, no son parte del mandato actual de Dios para tu vida. Aceptarlas es abandonar momentáneamente tu puesto en la línea de combate. Muchos pierden fuerza no por pecado, sino por desvíos consentidos que diluyen su tiempo y su enfoque. La madurez se mide por la capacidad de mantener el rumbo a pesar de las buenas oportunidades que no provienen del Comandante.

El enfoque correcto produce avance sostenido. Los mejores escuadrones no son los más talentosos, sino los más disciplinados y coordinados en cumplir su parte sin entrometerse en la de los demás. En la iglesia, esto se traduce en aprender a celebrar lo que otros hacen mientras uno permanece enfocado en lo que debe hacer. La comparación es enemiga del avance. Cada creyente es responsable de ejecutar su rol con excelencia, no de imitar o competir con otros miembros del cuerpo.

En los momentos más críticos de la batalla, la distracción es un lujo que no se puede permitir. La ejecución exige claridad de mente, alineamiento con la estrategia general y compromiso con el resultado final. La tentación de "mirar al lado" se intensifica cuando hay cansancio, crítica o falta de reconocimiento. Por eso, es fundamental renovar la motivación desde la intimidad con Dios y la certeza del propósito. Cuando uno sabe para qué fue llamado, no se desvía por lo que otros piensan o hacen.

Este capítulo nos llevará a comprender cómo ejecutar con precisión nuestra parte en el plan de Dios sin permitir distracciones. Aprenderemos que el enfoque es una forma de adoración, una muestra de obediencia, y una herramienta de guerra. La batalla espiritual no se gana solo con pasión, sino con dirección. El cielo no premia a los que se mueven mucho, sino a los que se mueven bien. Y solo ejecutando nuestra parte, sin distracción, contribuimos a la victoria del ejército completo.

Reconocimiento del rol: Saber cuál es mi función en el cuerpo

Romanos 12:4-5

Porque de la manera que en un cuerpo tenemos muchos miembros, pero no todos los miembros tienen la misma función, así nosotros, siendo muchos, somos un cuerpo en Cristo, y todos miembros los unos de los otros.

En una unidad militar, cada miembro tiene un rol definido: hay exploradores, tiradores, médicos, radio-operadores y líderes tácticos. Nadie puede cumplir todas las funciones al mismo tiempo sin comprometer la misión o provocar caos. La claridad de rol permite que cada soldado se concentre y sea efectivo, sabiendo que el éxito colectivo depende de la ejecución precisa de cada uno. En el cuerpo de Cristo sucede lo mismo: cada creyente tiene una función única, diseñada por Dios para contribuir al avance del Reino. El problema surge cuando se ignora o se desprecia ese rol.

Muchos creyentes pierden enfoque porque nunca han entendido para qué fueron llamados específicamente. Desean hacer "todo" o lo que otros hacen, sin discernir lo que Dios ha puesto en sus manos. Esto no solo agota, sino que crea frustración espiritual y comparaciones tóxicas. En el ejército espiritual, la identidad ministerial no se define por popularidad, sino por asignación divina. Saber tu rol es lo que te permite operar con seguridad, autoridad y gozo en medio de la batalla.

El apóstol Pablo usó la analogía del cuerpo para mostrar que todos somos necesarios, pero no todos somos iguales. El ojo no hace lo que hace la mano, y la pierna no sustituye al oído. Sin embargo, cuando cada parte se desempeña bien, el cuerpo avanza con fuerza y equilibrio. En lo espiritual, quien reconoce su rol no compite, sino que complementa. La guerra no se gana con estrellas individuales, sino con un equipo bien alineado.

Reconocer el propio rol también protege del orgullo y de la inferioridad. El que se siente más que otros porque tiene una función visible, ha olvidado que todo proviene de Dios. Y el que se siente menos por no ser reconocido, ha olvidado que su parte es vital aunque no sea pública. En el combate real, nadie desprecia al soldado que vigila la retaguardia; su presencia asegura que el frente no sea rodeado. Así también, cada creyente tiene un lugar estratégico que debe asumir con dignidad y compromiso.

Aceptar el rol que Dios nos asignó es parte del entrenamiento espiritual. No es resignación, sino alineamiento con el plan maestro. Hay funciones temporales y otras permanentes, pero todas exigen fidelidad en lo poco y excelencia en la ejecución. Dios no busca improvisadores, sino servidores fieles en su trinchera, por sencilla que parezca. La victoria del Reino se construye cuando cada uno se ocupa con pasión de su parte.

El reconocimiento del rol también libera del desgaste de querer hacer lo que no nos corresponde. Algunos pierden tiempo y energía intentando cubrir áreas que Dios nunca les pidió que tocaran. Eso no solo causa distracción, sino también desequilibrio en el cuerpo espiritual. En el ejército, un soldado que abandona su puesto para "ayudar" en otro puede provocar un colapso por dejar una zona desprotegida. De igual manera, cuando no haces tu parte, todo el cuerpo sufre.

En conclusión, la ejecución sin distracciones comienza con la comprensión y aceptación de tu función en el cuerpo. Cuando sabes quién eres y qué debes hacer, dejas de mirar a los lados para competir y comienzas a avanzar con enfoque. En esta guerra, nadie sobra, pero tampoco hay espacio para imitación o duplicidad. Dios diseñó cada rol con intención, y tu efectividad depende de tu fidelidad en ese diseño. Porque solo el que entiende su función puede ejecutarla con precisión.

Enemigos del enfoque: Identificar lo que desvía mi atención

Lucas 10:41-42

Respondiendo Jesús, le dijo: Marta, Marta, afanada y turbada estás con muchas cosas. Pero sólo una cosa es necesaria; y María ha escogido la buena parte, la cual no le será quitada.

En toda operación militar, la atención del soldado es considerada un recurso estratégico vital. Un momento de distracción puede exponer su vida, comprometer la misión o poner en riesgo a todo el escuadrón. Por eso se entrena para detectar y neutralizar cualquier estímulo que desvíe su enfoque. En la vida espiritual, también hay enemigos del enfoque que parecen inofensivos pero son letales a largo plazo. Algunos se disfrazan de deberes, otros de emociones, y otros de actividades "buenas" que no fueron ordenadas por Dios.

Jesús confrontó a Marta no por hacer cosas malas, sino por estar afanada con lo secundario mientras ignoraba lo esencial. Este es uno de los ataques más comunes del enemigo: mantenernos ocupados pero no efectivos, llenos de tareas pero vacíos de dirección. El alma se agota cuando invierte su energía en lo urgente y descuida lo eterno. En lo militar, eso se llama "despliegue improductivo": mucho movimiento sin resultados concretos. Espiritualmente, eso es activismo sin fruto.

Otro enemigo del enfoque es la comparación constante con lo que hacen otros. En vez de concentrarse en la parte asignada, muchos viven pendientes de si otros hacen más, menos o diferente. Esa mentalidad no solo roba tiempo, sino también paz y gozo. Cada parte en el cuerpo tiene un ritmo, un diseño y una responsabilidad distinta. El soldado sabio no corre carreras ajenas, sino que perfecciona su habilidad en su propio terreno.

Las emociones también pueden ser un enemigo silencioso del enfoque. El resentimiento, la ofensa, la inseguridad o el deseo de agradar a todos son cargas que afectan la ejecución. En el campo de batalla, un soldado emocionalmente inestable puede tomar decisiones impulsivas o paralizarse en momentos críticos. En la vida cristiana, si no se dominan las emociones por medio del Espíritu, éstas se convierten en distracciones que desvían del propósito. No se puede ejecutar con claridad si el corazón está dividido.

El perfeccionismo también es una trampa que desvía el enfoque. Algunos no avanzan porque están esperando las condiciones ideales o la confirmación de todos. Pero la obediencia espiritual no depende de perfección, sino de dirección. Dios no necesita soldados que lo entiendan todo, sino que confíen y se muevan cuando Él habla. El que espera eliminar toda incertidumbre antes de actuar nunca será efectivo.

Asimismo, las voces externas—críticas, halagos, opiniones—pueden convertirse en interferencias si no se filtran correctamente. No todo lo que se oye merece respuesta, y no todo lo que se dice edifica. En el ejército, los comandos se oyen por frecuencia directa del superior; todo lo demás es ruido. En lo espiritual, el creyente debe aprender a afinar su oído a la voz de Dios por encima del bullicio del entorno. El que escucha a todos termina actuando por nadie.

En resumen, mantener el enfoque espiritual requiere identificar y eliminar todo lo que interfiere con la obediencia a lo que Dios ha asignado. Las distracciones no siempre son pecaminosas, pero sí peligrosas si roban atención de lo esencial. Marta era sincera, pero distraída; María era obediente, aunque incomprendida. Y Jesús dejó claro cuál parte era la que valía la pena. Hoy más que nunca, el Reino necesita soldados con enfoque inquebrantable.

Persistencia en la ejecución: Terminar bien lo que se me asignó

2 Timoteo 4:7

He peleado la buena batalla, he acabado la carrera, he guardado la fe.

En el mundo militar, comenzar una misión con energía no garantiza el éxito; lo que realmente cuenta es llegar al final con la tarea cumplida. Hay soldados que inician con valentía pero pierden impulso ante la resistencia, el cansancio o los imprevistos. La excelencia en la ejecución no se mide solo por cómo se comienza, sino por cómo se persevera hasta terminar. De igual forma, en la vida espiritual, el verdadero fruto está en sostener la obediencia hasta el final. Pablo entendía esto cuando declaró que había peleado, terminado y guardado la fe.

Persistir no es repetir mecánicamente, sino mantener firme el propósito a pesar de los cambios en el terreno. El enemigo intentará desviar, desgastar y desacreditar al creyente para que abandone su puesto antes de ver la victoria. Pero el que ha sido entrenado sabe que rendirse no es una opción mientras el Comandante no haya dado otra orden. En la guerra espiritual, la constancia es una de las armas más poderosas. Terminar bien no solo glorifica a Dios, sino que valida el llamado con integridad.

La falta de persistencia es muchas veces resultado de expectativas no realistas. Algunos piensan que si Dios asignó algo, todo fluirá sin oposición ni dificultad. Pero cada misión relevante viene con resistencia, obstáculos y desgaste. El soldado maduro no se sorprende por el fuego cruzado; se prepara para seguir avanzando a pesar de él. Espiritualmente, debemos esperar oposición, pero decidir de antemano que no detendremos la ejecución hasta cumplir la tarea.

En el campo de batalla, el que se detiene a cada momento para reconsiderar su posición pierde el ritmo de combate. La firmeza de ejecución requiere decisión sostenida, aun cuando las emociones fluctúan o los resultados se retrasan. Muchos comienzan con fuego, pero se enfrían por la falta de resultados visibles inmediatos. La misión espiritual no depende de sensaciones, sino de convicciones. Y la convicción se demuestra cuando se actúa igual con aplausos o con silencio.

También es vital entender que terminar bien no siempre implica grandes resultados externos, sino fidelidad interna. Pablo terminó su carrera en prisión, sin multitudes, pero con la seguridad de haber cumplido su misión. El éxito ante los ojos de Dios no se mide por fama, sino por obediencia sostenida. El soldado que permanece en su puesto hasta el final es digno de medalla, aunque nadie lo vea. En el Reino, Dios premia la fidelidad más que el impacto.

Persistir también requiere reposicionar la mente constantemente. Hay días donde el enemigo lanza pensamientos de duda, desánimo o distracción. Por eso, el soldado espiritual debe predicarse a sí mismo, recordando la visión, el mandato y la promesa. Reafirmar diariamente por qué estamos haciendo lo que hacemos fortalece el enfoque. Terminar bien es posible cuando se renueva la mente con la verdad y se alimenta el espíritu con la presencia de Dios.

En conclusión, ejecutar bien significa terminar con la misma fidelidad con la que se empezó, o incluso con más. Pablo no fue perfecto, pero fue constante. Y esa constancia lo llevó a declarar con autoridad que había acabado su carrera sin abandonar la fe. En un mundo de abandonos y comienzos sin finales, el Reino necesita creyentes que terminen bien lo que se les asignó. Porque solo el que persevera hasta el fin será hallado fiel.

Capítulo 21
Reagrupamiento: Evaluar Después de la Batalla

Marcos 6:30-31
"Entonces los apóstoles se juntaron con Jesús, y le contaron todo lo que habían hecho y lo que habían enseñado. Él les dijo: Venid vosotros aparte a un lugar desierto, y descansad un poco."

Introducción del Capítulo 21

Después de cada operación militar, los soldados no simplemente regresan a casa; se realiza un proceso llamado "reagrupamiento" o "desbriefing." Esta etapa es fundamental para revisar lo que ocurrió en el campo, corregir errores, aprender de las decisiones tomadas y prepararse para la siguiente misión. No importa cuán exitosa haya sido la batalla, siempre hay lecciones que extraer y heridas que atender. Reagruparse no es una señal de debilidad, sino de sabiduría estratégica. En el Reino de Dios, también es necesario detenerse intencionalmente para evaluar lo vivido.

Muchos creyentes viven en ciclos ininterrumpidos de actividad espiritual sin espacios de evaluación. Predican, sirven, oran y se mueven sin tomar tiempo para revisar lo que Dios realmente quiso enseñar en medio de la batalla. Sin reflexión, no hay crecimiento real; sin evaluación, no hay mejora continua. Jesús mismo practicó el reagrupamiento con Sus discípulos después de períodos de misión. El resultado no era solo descanso físico, sino renovación mental y afirmación del propósito.

El peligro de no reagruparse es quedar atrapado en la rutina de la guerra sin dirección fresca. Algunos ministerios repiten patrones que ya no funcionan porque nunca se detuvieron a analizar sus frutos. Otros cometen los mismos errores en nuevas asignaciones porque no aprendieron de las fallas anteriores. En la milicia, eso sería una amenaza a la seguridad del escuadrón. En la iglesia, es una amenaza al avance del Reino.

Reagruparse también permite reconocer las victorias y honrar la fidelidad de Dios. En medio de la batalla, muchas veces no se perciben los resultados completos hasta que uno se detiene y mira hacia atrás. Celebrar lo que Dios hizo fortalece la fe, levanta el ánimo y reafirma la identidad del equipo. Cada victoria debe registrarse como testimonio; cada debilidad debe anotarse como oportunidad de ajuste. El reagrupamiento transforma la experiencia en sabiduría.

Además, este proceso ofrece la oportunidad de sanar emocional y espiritualmente. Toda batalla deja cicatrices, desgaste y zonas sensibles, incluso cuando se gana. El que no se detiene a sanar corre el riesgo de entrar a la próxima guerra con heridas abiertas y visión nublada. Reagruparse es permitir que el Espíritu Santo ministre áreas ocultas que fueron afectadas en el camino. Es parte del mantenimiento necesario para seguir sirviendo con integridad.

El reagrupamiento también fortalece la unidad del equipo. Volver a sentarse juntos, compartir lo vivido, escucharse mutuamente y orar en comunidad restaura vínculos y alinea visiones. El aislamiento después de la batalla puede ser tan dañino como el descuido durante ella. La comunidad espiritual se edifica no solo luchando junta, sino evaluando junta. El crecimiento colectivo requiere espacios de encuentro sincero. Este capítulo nos mostrará cómo implementar el reagrupamiento como disciplina espiritual y ministerial.

Aprenderemos a detenernos con propósito, evaluar con objetividad y prepararnos con mayor sabiduría para el próximo frente. Porque el soldado que nunca se reagrupa se desgasta, se desorienta y eventualmente se derrumba. Pero el que aprende a volver, evaluar y sanar, permanece firme, alineado y listo para avanzar. En el Reino, el descanso y la evaluación también son parte de la guerra.

Detenerse con propósito: La pausa estratégica del alma

Éxodo 33:14

Y él dijo: Mi presencia irá contigo, y te daré descanso.

En toda operación militar, una pausa bien planificada puede salvar más vidas que un avance continuo. No es una señal de debilidad, sino de sabiduría operativa. El descanso estratégico permite evaluar, reabastecer y reposicionar sin perder el enfoque de la misión. En la vida espiritual, muchos creyentes han confundido movimiento con progreso, y han olvidado que detenerse también es parte de avanzar. El alma necesita espacios donde se desconecte de la ejecución para reconectarse con la fuente.

Dios mismo estableció el principio del descanso desde la creación. El séptimo día no era una pérdida de tiempo, sino un modelo divino de restauración, contemplación y satisfacción. El creyente que nunca se detiene está en riesgo de desgaste emocional, agotamiento espiritual y decisiones precipitadas. Detenerse con propósito no es simplemente "descansar," sino evaluar bajo la presencia de Dios lo que se ha hecho, y lo que Él quiere hacer después. En ese espacio se renueva la perspectiva.

Cuando Moisés enfrentaba la carga del liderazgo, Dios no le ofreció más estrategias, sino Su presencia como descanso. Esto revela que la pausa verdadera no es inactividad, sino comunión. El alma encuentra su verdadero reposo no en dejar de hacer, sino en volver a oír la voz del Comandante. La presencia de Dios reordena prioridades, sana el cansancio invisible y trae dirección fresca. Por eso, detenerse no es solo saludable; es vital.

Muchos creyentes siguen operando en modo automático porque nunca se han dado el permiso de hacer una pausa. Llevan cargas ministeriales, familiares o espirituales por años sin nunca sentarse a procesarlas con Dios. Esta acumulación interna se convierte en un terreno fértil para la confusión, la amargura y el agotamiento silencioso. Pero un alto intencional, guiado por el Espíritu, puede restaurar más que un retiro completo sin propósito. No es el tiempo libre lo que sana, sino el descanso en presencia de Dios.

En el ejército, los soldados que no descansan adecuadamente pierden efectividad, juicio y coordinación. Se vuelven un peligro no solo para ellos, sino para su equipo. En lo espiritual, un líder agotado puede comprometer la salud de toda una congregación sin darse cuenta. Por eso Dios nos llama a entrar en Su reposo, no como una opción, sino como un diseño. Es ahí donde se renueva la visión y se recupera la fuerza.

Detenerse también nos permite ver lo que no se veía en medio del movimiento. Muchas veces, es en el silencio que se revelan detalles, errores o áreas que necesitan ajuste. El ruido de la actividad puede anestesiar la sensibilidad espiritual. Pero cuando el alma calla, el Espíritu habla con claridad. Esa pausa se convierte entonces en un terreno de revelación.

En conclusión, detenerse con propósito es una disciplina espiritual que todo soldado del Reino debe cultivar. No se trata de desconectarse de Dios, sino de dejar de correr para volver a caminar con Él. Es una pausa que no solo repara, sino que reposiciona. El que aprende a detenerse estratégicamente, avanza con mayor precisión. Porque en el descanso de Dios no se pierde tiempo; se recupera vida.

Evaluación honesta: Aprender de lo vivido sin autoengaño

Lamentaciones 3:40

Escudriñemos nuestros caminos, y busquemos, y volvámonos a Jehová.

En toda operación militar, la etapa de evaluación posterior no se limita a celebrar la victoria; se realiza un análisis minucioso de lo que se hizo bien, lo que se hizo mal y lo que debe cambiarse. Este proceso exige honestidad, datos precisos y la disposición de enfrentar verdades incómodas. En la vida espiritual, también debemos aprender a evaluar nuestras batallas con profundidad, no desde el orgullo ni la negación. Las lecciones más importantes no vienen del éxito fácil, sino del análisis intencional de lo vivido. El creyente que no evalúa se estanca, repite errores y se vuelve vulnerable.

Dios nos llama a escudriñar nuestros caminos, no para condenarnos, sino para redirigirnos. La evaluación espiritual no es autoacusación, sino rendición voluntaria al espejo de la verdad. Es detenerse a preguntar: ¿Fui obediente o reactivo? ¿Fue Dios quien me impulsó o fui yo mismo quien se lanzó? En este examen se encuentra la raíz de muchos desajustes que, de no ser atendidos, se convertirán en patrones destructivos.

Una evaluación honesta comienza con reconocer que podemos haber fallado incluso mientras hacíamos algo "para Dios." La intención no siempre justifica la acción. A veces, lo correcto hecho fuera de tiempo o con una motivación incorrecta produce desgaste innecesario. El soldado espiritual debe ser capaz de decir: "Eso no salió bien, y necesito ajustar." Esta madurez es la que produce crecimiento sostenido.

Sin evaluación, el alma comienza a vivir de impresiones en lugar de dirección. Algunos creen que porque algo "se sintió bien" o "tuvo fruto" no hay nada que revisar. Pero la Palabra nos llama a probar los espíritus, examinar los frutos y caminar en luz. La efectividad no siempre equivale a obediencia. Solo la evaluación honesta filtra lo superficial y nos deja con lo que realmente edifica.

Este proceso también requiere humildad. Evaluar es invitar al Espíritu Santo a señalar no solo nuestras acciones, sino nuestras intenciones. Es decir: "Señor, examina mi corazón, no solo mis resultados." El que solo mide lo externo nunca será transformado internamente. Pero el que permite que Dios escudriñe lo profundo, será afinado y purificado.

En lo militar, los errores no evaluados pueden costar la vida de soldados en futuras misiones. En lo espiritual, los errores no tratados pueden repetirse con consecuencias mayores. Cada batalla deja datos que deben ser interpretados con objetividad. Dios no desperdicia experiencias; pero el que no evalúa, sí lo hace. Una batalla sin reflexión es una oportunidad perdida de madurez.

En conclusión, evaluar con honestidad es parte de la preparación para el siguiente nivel. El que aprende de lo vivido se vuelve más sabio, más preciso y más sensible a la voz de Dios. No se trata de vivir en culpa, sino de crecer con conciencia. La madurez no se mide por la cantidad de experiencias, sino por la calidad de aprendizaje que se extrae de ellas. Y el que se atreve a mirar hacia adentro con sinceridad, será usado con mayor autoridad hacia afuera.

Recuperación y ajuste: Prepararse para el próximo despliegue

Isaías 40:31

Pero los que esperan a Jehová tendrán nuevas fuerzas; levantarán alas como las águilas; correrán, y no se cansarán; caminarán, y no se fatigarán.

Después de cada combate, los escuadrones militares no solo analizan lo ocurrido, sino que toman tiempo para reabastecerse, sanar heridas, y reconfigurar su estrategia. Esta etapa es clave para que el próximo despliegue sea más efectivo y menos vulnerable. En la vida espiritual, no basta con evaluar lo que pasó; es necesario recuperar fuerzas y hacer los ajustes necesarios. Quien vuelve a la batalla sin restauración está condenado al agotamiento o a repetir los mismos errores. Dios no quiere soldados operando al límite, sino preparados para durar en el campo largo del Reino.

Recuperar no es detener el avance eterno, sino restaurar la capacidad operativa del alma y el espíritu. El creyente que no se toma en serio el descanso y la renovación, confunde activismo con fidelidad. Isaías declara que los que esperan en Jehová —no los que corren sin parar— tendrán nuevas fuerzas. Esa espera no es pasividad, sino reconexión con la fuente del poder espiritual. Es ahí donde Dios sana, capacita y reposiciona con propósito.

Los ajustes también son parte del proceso de madurez. Hay armas que deben afilarse, actitudes que deben corregirse y métodos que deben actualizarse. En lo militar, los soldados vuelven al campo de entrenamiento entre misiones para perfeccionar lo aprendido. En lo espiritual, esto puede significar volver a disciplinas olvidadas, redefinir prioridades o fortalecer relaciones ministeriales clave. La recuperación sin ajuste produce repetición; la recuperación con ajuste produce progreso.

Dios es un Dios de ciclos, no de repeticiones sin propósito. Cada despliegue tiene lecciones que deben incorporarse al próximo movimiento. Por eso, después de evaluar, debemos orar: "Señor, ¿qué quieres que hagamos diferente esta vez?" Esa humildad ante la guía divina es lo que asegura una mejora genuina. Los soldados sabios no solo sobreviven; se vuelven más letales espiritualmente con cada misión completada.

Muchos creyentes caen en la trampa de pasar de batalla en batalla sin pausa, creyendo que eso los hace más espirituales. Pero la falta de recuperación es una estrategia del enemigo para desgastarlos sin que se den cuenta. El verdadero guerrero sabe cuándo es tiempo de pelear, y cuándo es tiempo de recargar. Las fuerzas que no se restauran se agotan, y el discernimiento que no se afina se embota. Prepararse para el próximo despliegue requiere entender que el descanso también es obediencia.

Este tiempo también debe incluir cobertura espiritual. Así como un soldado regresa al campamento para reunirse con su escuadrón y recibir instrucciones del alto mando, el creyente debe volver a su comunidad y recibir dirección clara. El aislamiento post-batalla es peligroso; es en el cuerpo donde se recibe apoyo, consejo y alineación.

Los próximos pasos deben ser dados en unidad, no en reacción individual. Porque el Reino avanza en formación, no en esfuerzos solitarios.

En conclusión, la etapa de recuperación y ajuste no es una pausa innecesaria, sino una parte esencial del proceso de guerra. Solo el que se detiene a sanar, evaluar y ajustar puede avanzar con mayor precisión. Dios honra a los que no solo luchan, sino que también saben prepararse para la próxima misión. Cada batalla es una escuela, y cada descanso estratégico es una inversión en la victoria futura. Porque el ejército de Cristo no solo pelea; también se reagrupa, se recupera y regresa más fuerte.

Capítulo 22
Reajuste de Estrategias: Flexibilidad Divina

Proverbios 16:9
"El corazón del hombre piensa su camino; mas Jehová endereza sus pasos."

Introducción del Capítulo 22

En toda guerra prolongada, ningún ejército puede depender de una sola estrategia sin correr el riesgo de ser superado por el enemigo. Las fuerzas inteligentes se adaptan, modifican sus rutas, redistribuyen recursos y actualizan tácticas según las condiciones del terreno y los movimientos del adversario. Esta capacidad de reajustar sin perder la visión central es lo que permite mantener la ventaja en el campo de batalla. En lo espiritual, el creyente también debe aprender a ser flexible bajo la guía del Espíritu, entendiendo que la dirección de Dios no siempre sigue un patrón predecible. La fidelidad no está en la rigidez del plan, sino en la obediencia a la instrucción actual.

Muchos fracasan no por falta de oración ni por falta de pasión, sino por aferrarse a métodos que ya no responden a lo que Dios está haciendo en el presente. El corazón humano diseña rutas con buena intención, pero solo Dios tiene el mapa completo. Cuando nos apegamos más a la estrategia que a la voz del Señor, corremos el riesgo de idolatrar el método en lugar de obedecer el propósito. La flexibilidad divina es el arte de seguir la nube, aunque eso signifique desmontar campamentos que parecían estables. En el Reino, avanzar implica también soltar lo que ya no aplica.

El apóstol Pablo experimentó esto cuando quiso ir a Asia y el Espíritu se lo prohibió. No era un pecado, ni una falta de visión, sino una redirección divina hacia un nuevo frente de batalla en Macedonia. La madurez espiritual se manifiesta en la capacidad de recibir un “no” de Dios y no frustrarse, sino reenfocarse. El que solo sabe moverse cuando las cosas salen como las planeó, no ha entendido lo que significa ser guiado. Dios no cambia Su propósito, pero sí Su estrategia en función del tiempo y del terreno.

El reajuste de estrategias requiere humildad para reconocer que, aunque planificamos bien, Dios puede tener algo mejor. También requiere discernimiento para detectar cuándo una instrucción está expirando y está por surgir una nueva. La estrategia de ayer puede ser ineficaz hoy si el enemigo ya ha cambiado su posicionamiento. En lo militar, los comandantes que no se actualizan exponen a sus tropas al fracaso. En lo espiritual, los líderes y creyentes que se estancan en rutinas pasadas frenan el mover de Dios.

Reajustar no es abandonar la visión, sino adaptarse para cumplirla con mayor efectividad. En lugar de forzar puertas cerradas, el creyente flexible busca la ventana que el Espíritu abre. La persistencia no está peleada con la sensibilidad; uno puede ser determinado en el propósito y flexible en el método. Jesús nunca repitió un milagro exactamente igual, aunque la necesidad fuera parecida. Eso nos enseña que Dios no nos llama a imitar patrones, sino a obedecer direcciones.

El reajuste también es una señal de que confiamos más en el Comandante que en nuestro esquema operativo. La fe no siempre se ve como avanzar rápido, sino como estar dispuesto a cambiar de rumbo cuando Él lo indique. La seguridad espiritual no viene de que todo siga igual, sino de saber que estamos donde Él quiere, haciendo lo que Él mandó. Esto libera al creyente de la frustración cuando algo no funciona como esperaba. Porque la confianza está puesta en la dirección, no en la comodidad.

Este capítulo nos llevará a entender cómo mantener la visión firme mientras aprendemos a reajustar la estrategia según la voz de Dios. Veremos cómo el Espíritu Santo no solo dirige, sino que corrige rutas y nos reposiciona para obtener mayor efectividad espiritual. El Reino necesita soldados que sepan moverse con rapidez, sin aferrarse a mapas que ya no reflejan el terreno actual. Porque donde hay flexibilidad divina, hay avance asegurado. Y donde hay obediencia renovada, siempre hay conquista.

Soltar el plan inicial: Cuando Dios interrumpe lo previsto

Hechos 16:6-7

Y atravesando Frigia y la provincia de Galacia, les fue prohibido por el Espíritu Santo hablar la palabra en Asia; y cuando llegaron a Misia, intentaron ir a Bitinia, pero el Espíritu no se lo permitió.

En el mundo militar, no importa cuán detallado sea el plan de una misión: si las condiciones cambian, el comandante puede ordenar una interrupción inmediata. Esto no significa fracaso, sino una nueva evaluación para preservar la vida y cumplir el objetivo de forma diferente. De la misma forma, en la vida espiritual, hay momentos donde Dios mismo detiene lo que habíamos comenzado con buena intención. Pablo vivió esto cuando el Espíritu le cerró puertas que él consideraba parte de su ministerio. Lo importante no era el plan, sino la obediencia a la nueva dirección.

Soltar el plan inicial requiere madurez espiritual y humildad personal. Muchos luchan contra la voz del Espíritu porque ya habían invertido tiempo, esfuerzo o expectativas en lo que estaban haciendo. Pero en el Reino, no se trata de cuánto has invertido, sino de si estás caminando alineado con la voluntad actual de Dios. Lo que una vez fue instrucción, puede ya no serlo en este nuevo terreno. Y si no sabemos soltar, terminamos operando con gracia vencida.

Pablo no fue reprendido por intentar ir a Asia o a Bitinia; fue redirigido por Dios hacia Macedonia, donde aguardaba un nuevo campo de cosecha. Esto nos enseña que Dios honra el corazón dispuesto, pero también corrige el rumbo sin necesidad de culpa. El creyente flexible no se apega al plan, sino a la voz. Y cuando la voz cambia la ruta, cambia con ella sin resistirse. Esa es la señal de un soldado maduro: adaptarse al comando, no aferrarse al mapa.

Soltar lo previsto también implica morir a la necesidad de tener control. Muchas veces no entendemos por qué Dios cambia las cosas, y eso puede generar confusión, temor o frustración. Pero la fe madura dice: "Si Él cerró esa puerta, es porque hay otra mejor y más estratégica para Su Reino." No estamos llamados a entender todo, sino a obedecer con prontitud. Dios ve lo que tú no ves, y Su interrupción es una forma de protección y de avance.

El soldado que se aferra al plan original cuando el Comandante ha dado nueva orden, pone en riesgo a toda la operación. En lo espiritual, quien no sabe discernir los cambios de dirección, puede terminar trabajando contra el mover de Dios sin saberlo. Esto no significa que Dios es inestable, sino que Su plan está vivo, y responde a factores invisibles a nuestros ojos. Por eso debemos vivir sensibles al Espíritu, no al calendario ni al esquema humano. El que suelta el plan inicial a tiempo, gana precisión en el propósito.

También es importante entender que soltar el plan no cancela el llamado. Muchos confunden el cambio de estrategia con el fin de su asignación. Pero a veces, Dios solo quiere que tomes otro camino hacia el mismo destino. La visión sigue intacta, aunque la vía cambie. Y en ese proceso, el carácter del creyente se afina, su oído se agudiza y su fe se fortalece.

En conclusión, soltar el plan inicial es uno de los primeros pasos para abrazar la flexibilidad divina. No es renunciar al propósito, sino alinearse con la versión más actualizada del cielo para ese momento. Dios honra a los que están dispuestos a dejar su agenda para abrazar la Suya. Y aunque al principio duela dejar lo que parecía correcto, al final veremos que Su camino siempre es más alto. Porque los soldados que obedecen nuevas órdenes son los que permanecen útiles hasta el final.

Escuchar la nueva instrucción: Discernimiento antes de moverse

Isaías 30:21

Entonces tus oídos oirán a tus espaldas palabra que diga: Este es el camino, andad por él; y no echéis a la mano derecha, ni tampoco torzáis a la mano izquierda.

En todo escuadrón bien entrenado, los soldados no se mueven hasta recibir la nueva instrucción del comandante. Actuar con prisa sin tener órdenes claras puede comprometer no solo la misión, sino también la vida del equipo. En el campo espiritual, ocurre algo similar: la urgencia de hacer algo muchas veces supera la paciencia de esperar la voz de Dios. Pero sin dirección del Espíritu, cualquier movimiento es riesgo, aunque tenga buena intención. El discernimiento antes de moverse es clave para permanecer en el centro de la voluntad divina.

Isaías nos recuerda que hay una voz que guía al creyente sensible, una voz que se oye cuando uno está quieto y atento. Muchos no escuchan esa dirección porque ya están corriendo, hablando o ejecutando sin haberse detenido a recibir órdenes. El que no espera instrucciones, termina repitiendo patrones humanos y llamándolos "visión." En el ejército, esa actitud es peligrosa; en el Reino, es insensatez. Los soldados eficaces saben que moverse sin orden no es valentía, es desobediencia camuflada.

Discernir la nueva instrucción requiere un oído afinado al Espíritu Santo. No siempre será un grito ni una emoción intensa; muchas veces es una impresión suave, una palabra confirmada, una inquietud persistente en la oración. Quien ha cultivado una vida de intimidad no necesita estar en pánico para saber cuándo es tiempo de moverse. El que se entrena para escuchar, se vuelve experto en obedecer. La clave no es correr más, sino escuchar mejor.

La ansiedad por avanzar puede nublar la claridad espiritual. En la guerra natural, el soldado ansioso se adelanta a su escuadrón, rompe la formación y se expone innecesariamente. En la vida espiritual, muchos se adelantan a Dios porque confunden fe con impulsividad. Pero la fe verdadera espera instrucciones antes de actuar. No se lanza por emoción, sino por mandato.

Escuchar la nueva instrucción también protege de repetir errores pasados. A veces, Dios no permite avanzar porque hay algo que se debe ajustar antes. El discernimiento nos hace sensibles a esos detalles que el ojo natural no capta. En lugar de frustrarse por la pausa, el creyente sabio pregunta: "¿Qué necesitas que vea antes de dar el siguiente paso?" Esa actitud transforma la espera en entrenamiento.

En la vida de David, vemos cómo antes de cada batalla él preguntaba a Dios qué hacer, aun cuando la situación parecía similar a la anterior. Eso demuestra que no se confió en su experiencia, sino que dependía de dirección fresca. El que vive del "así me funcionó antes" está operando desde la carne, no desde el Espíritu. Dios quiere que cada paso sea fruto de comunión, no de repetición. Y eso solo es posible cuando se escucha antes de actuar.

En conclusión, el reajuste de estrategia comienza con una pausa intencional para oír. El cielo no grita cuando ya estamos corriendo; susurra cuando estamos quietos. El soldado espiritual no corre tras puertas abiertas, sino tras órdenes dadas. Porque solo el que escucha bien, ejecuta con precisión. Y en esta guerra, obedecer una sola palabra del Comandante vale más que mil ideas humanas.

Movernos según la nube: Acción alineada con la dirección divina

Números 9:17

Y cuando se alzaba la nube del tabernáculo, los hijos de Israel se movían; y en el lugar donde la nube paraba, allí acampaban los hijos de Israel.

En el desierto, el pueblo de Israel no caminaba por lógica ni por calendario; se movían solamente cuando la nube de Dios se alzaba. Esta nube representaba la presencia, la dirección y el ritmo divino. Si se movían sin la nube, se salían de cobertura; si se quedaban cuando la nube avanzaba, se estancaban. Esa dinámica nos revela un principio esencial del Reino: no debemos actuar por conveniencia, sino por obediencia a la dirección del cielo. En la guerra espiritual, moverse fuera del tiempo de Dios es tan peligroso como no moverse cuando Él lo ordena.

Hoy en día, muchos creyentes operan por impulsos, agendas o presión externa, ignorando si la nube aún está presente. Algunos siguen trabajando en áreas donde Dios ya no está, repitiendo actividades vacías sin el respaldo del Espíritu. Otros se rehúsan a moverse hacia nuevos desafíos porque no reconocen que la nube ya partió. La flexibilidad divina no es pasividad, sino obediencia activa al ritmo del Comandante. El éxito no está en la constancia humana, sino en la sincronización con el cielo.

Moverse según la nube exige sensibilidad, confianza y disponibilidad. No siempre se explicará por qué hay que moverse; a veces solo habrá una impresión clara: "Es hora." En lo militar, las órdenes no se debaten; se ejecutan con precisión por la confianza en quien las emite. En lo espiritual, el soldado maduro ha dejado de negociar con Dios y ha aprendido a responder con prontitud. La nube no se espera eternamente; cuando se mueve, hay que moverse.

También es importante entender que el movimiento de la nube no siempre lleva a un lugar más cómodo. A veces, lo que parece un retroceso es en realidad una reubicación estratégica para una conquista futura. La obediencia a la nube implica renunciar a la lógica humana para abrazar la sabiduría divina. El creyente que solo obedece cuando todo tiene sentido aún no ha madurado en la fe. La flexibilidad espiritual se forja cuando seguimos a Dios, no porque entendemos, sino porque confiamos.

La dirección divina también garantiza provisión. Donde estaba la nube, había maná, protección, cobertura y propósito. Muchos creyentes luchan con escasez o sequedad espiritual porque permanecen en lugares que Dios ya dejó. La nube no solo indica movimiento, también revela territorio de bendición. Estar donde Dios está asegura que habrá gracia para permanecer y autoridad para actuar.

En el campo de batalla, los movimientos del escuadrón deben seguir al líder, no a las emociones del grupo. Si un soldado se adelanta o se atrasa, expone a todos al peligro. En el Reino, el movimiento colectivo según la nube genera cobertura, impacto y avance ordenado. El caos espiritual comienza cuando cada uno decide su propio paso, sin conexión con la dirección del Espíritu. Por eso, la iglesia debe aprender a moverse unida, no solo con pasión, sino con discernimiento.

En conclusión, moverse según la nube es uno de los actos más altos de obediencia estratégica. No se trata de velocidad, sino de alineación. Dios no respalda a los más activos, sino a los más obedientes. El ejército del siglo 21 necesita soldados que no sigan su emoción ni su calendario, sino la dirección visible e invisible del cielo. Porque solo donde está la nube, está la victoria.

Capítulo 23
Expandir y Mejorar el Territorio Conquistado

Josué 18:3
"Y Josué dijo a los hijos de Israel: ¿Hasta cuándo seréis negligentes para venir a poseer la tierra que os ha dado Jehová el Dios de vuestros padres?"

Introducción del Capítulo 23

Toda conquista real requiere una fase posterior de establecimiento, expansión y mejora continua del terreno ganado. En el ámbito militar, no basta con capturar una posición: hay que reforzarla, expandir su influencia y garantizar que no vuelva a manos del enemigo. En lo espiritual sucede lo mismo. Dios no nos llama solo a vencer batallas, sino a construir sobre cada victoria. El territorio ganado es una base, no una meta final.

Muchos creyentes celebran las victorias espirituales, pero descuidan el mantenimiento y crecimiento de lo que Dios les entregó. Así como Israel tomó la tierra prometida, también debía poseerla activamente, ocuparla, cultivarla y defenderla. Las promesas se conquistan por fe, pero se retienen con responsabilidad. La negligencia después de la conquista abre puertas al retroceso. Por eso Josué confrontó al pueblo con una pregunta fuerte: "¿Hasta cuándo?"

Expandir lo conquistado implica reconocer que cada victoria fue un punto de partida, no de descanso. El Reino de Dios es progresivo, y cada nuevo terreno debe ser optimizado para la gloria de Dios. Mejorar el territorio incluye fortalecer lo débil, desarrollar lo que aún está sin edificar y preparar estructuras que sostengan el crecimiento. El creyente maduro no se conforma con haber ganado una batalla, sino que convierte ese terreno en una plataforma para avanzar aún más. La comodidad espiritual es enemiga del propósito eterno.

Dios nos ha llamado a ocupar espiritualmente ciudades, familias, generaciones, y no simplemente a tener momentos de victoria. Cada área conquistada debe ser convertida en un centro de operación del Reino, una zona de influencia celestial. Esto requiere visión, trabajo constante y sensibilidad a lo que el Espíritu quiere edificar. La victoria sin edificación es como un terreno sin siembra: fértil, pero estéril. La expansión no es opcional; es el siguiente paso natural para quien ha vencido.

En lo militar, una base recién establecida debe ser equipada, defendida y usada estratégicamente para ampliar el control en la región. En la vida cristiana, el creyente debe ver cada victoria como un nuevo centro de operaciones espirituales. Si ganaste terreno en tu carácter, ahora profundiza en integridad. Si venciste una adicción, ahora construye una vida santa que sea refugio para otros. El terreno conquistado debe convertirse en tierra fértil para multiplicar la obra de Dios.

Expandir y mejorar también requiere administrar. Todo lo que no se administra bien eventualmente se debilita o se pierde. La conquista sin administración es insostenible. Por eso, el Señor no solo nos da promesas, también nos llama a ser mayordomos fieles del terreno conquistado. Y ese llamado es diario, intencional y estratégico.

Este capítulo nos conducirá a entender que el Reino de Dios no se mantiene por emoción, sino por obediencia sostenida y administración sabia. Veremos cómo cada victoria trae consigo una nueva responsabilidad: edificar, fortalecer, multiplicar y expandir la influencia del cielo en la tierra. Porque al final, no se trata solo de cuánto hemos conquistado, sino de cuánto permanece y produce fruto. Dios no quiere solo soldados que conquisten, sino obreros que establezcan Su Reino. Y eso se logra cuando cuidamos, expandimos y mejoramos lo que ya hemos ganado.

De victoria a edificación: El trabajo no termina con la Conquista

Nehemías 4:6

Edificamos, pues, el muro, y toda la muralla fue terminada hasta la mitad de su altura, porque el pueblo tuvo ánimo para trabajar.

La batalla es solo el comienzo; el verdadero trabajo inicia cuando el polvo de la guerra se asienta y llega el momento de edificar sobre lo ganado. En lo militar, una zona conquistada no se considera segura hasta que ha sido fortificada, abastecida y estructurada para sostener operaciones futuras. En lo espiritual, muchos celebran la victoria, pero pocos se comprometen con la edificación constante que esa victoria exige. El creyente debe entender que la conquista abre una etapa de trabajo continuo, no una excusa para descansar. Si no se edifica, el terreno ganado se deteriora y puede ser retomado por el enemigo.

Nehemías entendió esto cuando regresó a Jerusalén: la ciudad estaba libre del enemigo, pero aún en ruinas. Por eso organizó al pueblo para edificar los muros, porque sabía que sin estructura, no había estabilidad ni protección duradera. Espiritualmente, el mismo principio se aplica a nuestras vidas, familias e iglesias. Una victoria emocional o espiritual sin continuidad estructural es solo un momento, no una transformación real. La edificación posterior a la conquista demuestra la madurez del creyente.

La edificación también demanda herramientas diferentes a las de la guerra. Nehemías tenía una espada en una mano, pero una pala en la otra. Esa dualidad representa al soldado del Reino: guerrero en batalla, obrero en victoria. La conquista se da con fuerza, pero la edificación con constancia. No se necesita adrenalina, sino disciplina.

El ánimo para trabajar no nace de la emoción de la victoria, sino de la visión de lo que ese terreno puede llegar a ser. El pueblo en los días de Nehemías tenía la motivación correcta: no querían simplemente vivir entre ruinas, sino levantar una ciudad digna del Dios que los había rescatado. Esa misma actitud debe tener el creyente que ha sido libertado: comenzar a construir algo duradero, santo y útil para el Reino. Ganar terreno es glorioso, pero construir sobre él es sagrado. Y Dios honra a los que no solo pelean, sino que también edifican.

Además, la edificación posterior a la conquista requiere resistencia a la oposición que no se detiene. Nehemías enfrentó burlas, amenazas y sabotaje mientras reconstruía, lo que nos recuerda que el enemigo no se da por vencido fácilmente. Cada intento de mejorar, establecer o fortalecer lo ganado será atacado. Pero el que tiene ánimo para trabajar no se detiene por las críticas ni por el cansancio. Persevera porque ve más allá de los escombros.

La edificación debe ser también estratégica. No se trata de hacer mucho, sino de construir lo que Dios ha diseñado. Algunos creyentes pierden fuerza porque levantan estructuras que Dios no pidió. Otros, en cambio, avanzan poco pero sólido, y su fruto permanece. Lo importante no es la velocidad, sino la obediencia en cada ladrillo que se pone.

En conclusión, la verdadera señal de una conquista espiritual no es la euforia del momento, sino la seriedad con que se administra el terreno después. El Reino necesita obreros después de la batalla, no solo soldados en medio de ella. Dios busca a quienes, como Nehemías, ven más allá del enemigo y se enfocan en levantar muros que perduren. Cada victoria debe ser seguida por una temporada de edificación estratégica. Porque solo así el terreno conquistado se convierte en territorio establecido para el Reino.

Administrar lo ganado: Responsabilidad después de la Conquista

Lucas 12:48

Porque a todo aquel a quien se haya dado mucho, mucho se le demandará; y al que mucho se le haya confiado, más se le pedirá.

Toda conquista trae consigo una asignación invisible: la administración sabia de lo que ahora está bajo tu responsabilidad. En el contexto militar, un comandante que no organiza su base recién conquistada pone en riesgo la misión, los recursos y la seguridad de su escuadrón. En el Reino, la negligencia administrativa es tan peligrosa como la derrota en batalla. Dios no entrega victorias para que las usemos como trofeos, sino para que las gobernemos con fidelidad. La victoria sin administración efectiva se convierte en una maldición disfrazada.

Jesús nos enseñó que a quien se le confía mucho, también se le exige más. Muchos quieren conquistar, pero pocos están listos para la demanda que trae el nuevo nivel. El terreno espiritual ganado requiere cuidado, planificación, vigilancia y visión. No es suficiente con haber vencido un pecado, una crisis o una batalla espiritual; ahora hay que desarrollar estructuras que mantengan esa libertad. La administración no es un detalle opcional, es parte del mismo llamado.

Administrar también implica multiplicar. En la parábola de los talentos, el Señor no elogió al que conservó lo que tenía, sino al que lo hizo crecer. Lo mismo sucede con las victorias espirituales: deben producir fruto, servir a otros y extender el Reino. No fuimos llamados a enterrar el testimonio ni a ocultar la experiencia ganada. Cada victoria debe convertirse en una herramienta para liberar a otros.

La administración incluye establecer límites, crear rutinas y tomar decisiones firmes para proteger lo ganado. Si has conquistado tu tiempo devocional, administra bien tu agenda. Si has sanado una relación, cuida tus palabras y actitudes. Si has recibido una promesa, evita los comportamientos que antes abrían la puerta al fracaso. La gracia te llevó a la victoria, pero la sabiduría te permitirá permanecer. Y el Espíritu Santo te capacita para ambas cosas.

Un error común entre los creyentes es creer que después de la conquista todo se volverá fácil. Pero es precisamente en la administración donde se revela la madurez. Lo que ganaste en un momento puede perderse en un descuido. Por eso, el enemigo no solo ataca en la batalla, también lo hace durante la paz, cuando asumimos que todo está asegurado. La administración mantiene viva la conquista.

Así como en lo militar se establecen comandantes para supervisar territorios ocupados, en lo espiritual debemos asignar vigilantes sobre lo que el Señor nos entregó. Esto incluye relaciones, ministerios, áreas de carácter y proyectos. Todo lo que no se vigila con oración y se organiza con propósito tiende al desorden. Dios honra a los soldados que saben proteger lo que ya no pueden permitirse perder. Y esos soldados son confiables para más territorio.

En conclusión, administrar lo ganado es un acto de honra a Dios y una muestra de madurez espiritual. La conquista te posiciona, pero la administración te afirma. Lo que Dios te entregó debe crecer, multiplicarse y permanecer. No fuimos llamados solo a celebrar, sino a custodiar y desarrollar. Porque el Reino de los cielos no solo se expande por batallas, sino también por buena mayordomía.

Mejorar la posición: Convertir el terreno en Fortaleza

Proverbios 24:3-4

Con sabiduría se edificará la casa, y con prudencia se afirmará; y con ciencia se llenarán las cámaras de todo bien preciado y agradable.

Conquistar un territorio no significa que esté listo para resistir futuros ataques ni para ser una base de operaciones efectiva. En lo militar, un puesto recién capturado debe ser reforzado con defensas, comunicación, logística y capacidad de sostenimiento. En lo espiritual, el terreno ganado por fe necesita ser desarrollado hasta convertirse en una fortaleza que beneficie a otros. No basta con haber recuperado una familia, un ministerio o una disciplina; ahora hay que hacerla firme, funcional y fructífera. Ese proceso requiere sabiduría, prudencia y ciencia espiritual, tal como enseña el proverbio.

Una fortaleza espiritual no es simplemente un lugar donde ya no hay batalla, sino una posición desde la cual se puede resistir, avanzar y sostener a otros. Por eso, el terreno conquistado debe ser transformado en plataforma de servicio, intercesión, enseñanza o liberación. Lo que Dios te dio no es solo para ti, sino para muchos que se beneficiarán de ese punto fortalecido. El creyente maduro convierte cada victoria en una trinchera estratégica. Y cada trinchera bien edificada es una amenaza constante para el enemigo.

Mejorar la posición también significa aprender de la batalla que nos llevó hasta allí. El terreno habla: nos recuerda lo que costó llegar, lo que Dios hizo, y lo que no podemos olvidar. Allí se acumula sabiduría que debe ser registrada, compartida y aplicada. Quien mejora su posición, evalúa, corrige y optimiza. No se trata de simplemente mantenerse, sino de hacerlo con excelencia creciente.

La mejora también incluye protegerse de viejas grietas. A veces, lo que no se reforzó adecuadamente termina colapsando en la próxima temporada. El creyente debe cerrar brechas, sanar áreas no resueltas y rodearse de sistemas de apoyo espiritual. No basta con resistir una vez; hay que garantizar que la posición no vuelva a ser vulnerable. Y para eso, hay que construir sobre roca, no sobre arena emocional.

Convertir el terreno en fortaleza también implica establecer cultura espiritual. En lo militar, una base tiene protocolos, ritmos y normas claras; en lo espiritual, debemos establecer hábitos, principios y una atmósfera del Reino. Una familia restaurada debe tener ahora un altar familiar. Un ministerio sanado debe operar bajo nuevos valores. Lo que antes fue terreno de dolor, ahora debe emitir vida.

Muchos creyentes pierden terreno porque no lo desarrollan hasta su máxima capacidad. Se conforman con tener paz, cuando Dios quería que ese terreno fuera un centro de autoridad espiritual. Cada conquista tiene potencial de expansión, de entrenamiento, de influencia. Pero solo se activa cuando se convierte en una fortaleza funcional. Dios quiere que cada posición ganada sea parte de una red de dominio espiritual establecida sobre la tierra.

En conclusión, la última etapa de la conquista es la consolidación del terreno como fortaleza del Reino. No hay avance sin mantenimiento, ni victoria que perdure sin desarrollo. El creyente que mejora su posición se vuelve no solo resistente, sino útil para las futuras generaciones. Dios está buscando soldados que no solo conquisten, sino que conviertan cada lugar ganado en un bastión invencible. Porque solo así el Reino se expande con profundidad, permanencia y autoridad.

Epílogo: El Triunfo Asegurado — La Victoria Final del Ejército de Cristo

Apocalipsis 19:14
Y los ejércitos celestiales, vestidos de lino finísimo, blanco y limpio, le seguían en caballos blancos.

La guerra ha sido larga. Las batallas se han librado en lo visible y en lo invisible. El sudor, las lágrimas, y la sangre espiritual derramada por el pueblo de Dios han teñido los campos del tiempo. Pero ahora, se alza el telón de la eternidad y se revela la escena final. No es una escena de derrota, ni de incertidumbre. Es un desfile triunfal encabezado por el Rey de gloria, seguido por Su ejército fiel. La victoria no es una posibilidad, es una certeza escrita desde antes de la fundación del mundo. Y ese ejército, descrito por Juan en Apocalipsis 19:14, somos nosotros.

Cada capítulo de este libro ha sido una instrucción para el presente, pero también una preparación para lo eterno. Hemos aprendido a vestirnos con el uniforme espiritual, a usar con destreza las armas del Reino, a discernir los movimientos del enemigo, y a resistir con firmeza en el día malo. Pero todo esto sería vano si no existiera un final glorioso. Si no hubiera una coronación al final del combate, si no existiera una causa eterna por la cual sufrir, entonces esta vida cristiana sería solo una disciplina vacía. Pero no es así. Cristo viene, y su ejército le acompaña. No como víctimas, sino como más que vencedores.

El campo de batalla ha sido extenso. Las luchas espirituales, intensas. Las heridas del alma, numerosas. Pero es aquí, en este epílogo, donde recordamos una verdad inconmovible: esta guerra ya tiene un final escrito. No es un final incierto, ni una batalla aún por decidir. Es un triunfo asegurado.

La imagen es poderosa: los ejércitos celestiales, vestidos de lino blanco, cabalgando tras Aquel que es Fiel y Verdadero. Estos no son ángeles. Son los redimidos. Son los que lavaron sus vestiduras en la sangre del Cordero y no negaron Su nombre. Son los que pelearon cuando otros se rindieron, los que adoraron cuando la oscuridad cubría todo, los que caminaron en obediencia aunque sus ojos no vieron recompensa inmediata. Son los soldados que no buscaban reconocimiento humano, sino la sonrisa de su General eterno.

El lino fino representa justicia, limpieza, y pureza. No se gana por obras, sino por fidelidad a la cruz. El ejército de Cristo no se define por pompas religiosas, sino por corazones rendidos. En la batalla final, no se destacarán los títulos, los templos construidos ni las plataformas digitales, sino los nombres que fueron hallados inscritos en el Libro de la Vida. El que venció en secreto, será honrado en público. El que sirvió en la retaguardia con humildad, marchará al frente del desfile celestial. Y cabalgan en caballos blancos. No en bestias de guerra manchadas de sangre, sino en símbolos de victoria incontaminada. Esta imagen no es poética: es profética. Significa que lo que comenzó en lucha, termina en celebración. Lo que inició con lágrimas, culmina en cánticos. Lo que parecía una derrota en la tierra, se revela como un triunfo en el cielo. Cada cicatriz de este lado del combate será corona del otro lado de la eternidad.

No todos estarán allí. Muchos soldados han abandonado su puesto, han desertado o se han aliado con el enemigo sin darse cuenta. Pero el Ejército del Cordero no se construye sobre cantidad, sino sobre calidad. Se compone de los que han pasado por fuego, han enfrentado oscuridad, han resistido ataques y, aún así, se han mantenido de pie. No por su fuerza, sino por la gracia que les sostuvo. No por sus logros, sino por su obediencia.

En ese día, ya no habrá necesidad de estrategias. No habrá misiones de rescate ni necesidad de escudos. La guerra habrá cesado, el enemigo será encadenado, y el Reino será establecido. Pero no olvidaremos. Recordaremos los días de entrenamiento, las madrugadas de oración, los momentos de quebranto, las marchas espirituales que parecían no tener fin. Y entonces entenderemos que todo valió la pena. Cada renuncia, cada obediencia, cada batalla silenciosa tuvo propósito eterno.

La victoria de Cristo no es solo Suya, sino que la comparte con los que caminaron con Él hasta el final. Este ejército no está compuesto de héroes humanos, sino de redimidos fieles. Aquellos que entendieron que luchar no es solo pelear, sino resistir, avanzar, amar, perdonar y proclamar el Reino con autoridad. Los caballos blancos simbolizan no solo victoria, sino una misión cumplida. Una vida invertida en lo eterno. Una causa superior a la propia.

Este epílogo es más que un cierre. Es una trompeta que suena en lo alto. Es el sonido de la victoria asegurada. Es el recordatorio de que todo entrenamiento, toda herida, toda oración y toda lágrima tuvieron sentido. El General Supremo no olvida a ninguno de Sus soldados fieles. Él regresa. Y nosotros regresamos con Él.

La escena de Apocalipsis 19:14 es futura, pero inminente. Estamos a un suspiro profético de ese desfile celestial. Y la gran pregunta que queda en el aire no es si Cristo vencerá —porque eso ya está decretado—, sino si tú estarás cabalgando con Él. ¿Serás parte del ejército fiel que regresa con Él en gloria?

No es momento de bajar la guardia. No es hora de relajar la disciplina. Este no es un tiempo para vivir como civiles espirituales. Este es el tiempo de los soldados decididos, de los combatientes sin doble ánimo, de los que no venden su armadura por conveniencia ni su fidelidad por fama. El Espíritu está alistando a los suyos. Hay un llamado de trompeta que no se oye con oídos naturales, pero resuena en el corazón del que ha sido marcado por el Reino.

Levántate, soldado del siglo 21. No porque estés derrotado, sino porque tu victoria ya fue asegurada. No por tu fuerza, sino por el poder del Cordero que venció. Mantente firme en tu puesto, ajusta tu cinturón de la verdad, limpia tu espada de todo óxido, y afina tu oído al sonido del cielo. Pronto verás el cielo abrirse, y Aquel que viene cabalgando. Y cuando lo veas, sabrás que todo lo vivido en la tierra fue solo el ensayo para la eternidad.

Y cuando cabalguemos con Él, no regresaremos a pelear. Regresaremos a reinar.

Agradecimientos

Primero, mi gratitud eterna es a mi **Señor y Salvador Jesucristo**. Él es el autor de mi historia, la fuente de mi fuerza y el único que conoce cada lágrima que fue sembrada en este proceso. Sin Su dirección, este libro no tendría razón de existir. Su gracia me sostuvo cuando mi humanidad flaqueaba, y Su voz me animó cuando todo en mí quería detenerse. A Él sea toda la gloria, porque solo Él convierte un corazón quebrantado en una herramienta de edificación.

A mi esposa **Viviana**, quien ha sido más que una compañera; ha sido un ancla firme en los momentos de agotamiento más profundos. Tus palabras de aliento fueron como bálsamo cuando las fuerzas me faltaban y el cansancio parecía más grande que la inspiración. Gracias por estar presente sin exigir nada, por creer en mí incluso cuando yo no me sentía suficiente, y por recordarme que la fidelidad a Dios es más importante que cualquier aplauso. Este libro también lleva tu huella, porque lo escribí con tus oraciones sosteniéndome en silencio. No hay misión ministerial más sólida que la que nace desde un hogar lleno de gracia y verdad.

A mis hijos: **Loudiely, Manasseh, Emmanuel y Luis**. Ustedes son una parte viva de este llamado. En cada página que escribí, pensaba en el legado que quiero dejarles: que sirvan a Dios con todo el corazón, no por obligación, sino por convicción. Ustedes son mi impulso diario para ser coherente entre lo que predico y lo que vivo. Que este libro sea una prueba más de que vale la pena caminar con Dios, aun cuando el proceso cueste.

Agradezco profundamente al **Reverendo Herminio Narváez Hijo**, quien fue el instrumento que Dios usó para traerme a Sus caminos. Cuando yo mismo no creía en mí, usted sí creyó. Su paciencia y constancia cuando estaba en mi etapa más oscura no solo marcaron mi vida, sino que me revelaron lo que es el verdadero ministerio pastoral. Hoy estoy aquí, sirviendo al Señor, porque alguien se atrevió a amar a un joven quebrado hasta que pudiera ver el valor que Dios veía en él. Gracias por sembrar en terreno seco hasta que brotó vida.

Al **Obispo Eric Perdomo**, quien no solo fue mi mentor, sino también como familia. Su amistad y liderazgo han sido columnas en mi formación como ministro. Gracias por soportar mi testarudez con paciencia y por corregirme con amor cuando lo necesitaba. No solo aprendí de usted cómo dirigir, sino también cómo caminar con humildad sin perder autoridad. Sus consejos, aún en momentos duros, siguen siendo principios que hoy aplico y enseño a otros.

Gracias al **Obispo Ray David Velázquez** por confiar en mí para dirigir el departamento de educación de la Región Hispana Iglesia de Dios Florida. Su confianza no fue simplemente una asignación, fue una afirmación del llamado que Dios había depositado en mí. Esa oportunidad me permitió crecer, servir y desafiarme más allá de lo que imaginé. Usted creyó en mi capacidad de formar a otros aun cuando yo mismo seguía siendo formado. Esa experiencia marcó un antes y un después en mi caminar ministerial.

A todos los **pastores de la Región Hispana Iglesia de Dios Florida**, muchos de los cuales sería imposible nombrar uno por uno, mi más sincero agradecimiento. Su respaldo, sus oraciones, su colaboración y su apoyo constante han sido combustible en mi jornada. Han estado a mi lado, no solo como colegas, sino como hermanos y hermanas en esta gran misión que compartimos. Sus palabras, su ejemplo y su fidelidad me han animado a seguir, aun cuando el camino se tornaba difícil. Este libro también les pertenece, porque fue escrito con sus rostros en mi corazón.

Al **Evangelista Miguel Sánchez Ávila**, mi hermano en Cristo y amigo del alma, gracias por ser voz de motivación cuando yo necesitaba dirección. Tu pasión por la obra del Señor y tu insistencia en que debía escribir fueron claves en mi decisión de lanzarme a este proyecto. Más que un amigo, has sido un catalizador en mi vida espiritual y ministerial. Tus palabras no fueron solo consejo, fueron empuje divino. Gracias por creer en el mensaje antes de que tomara forma escrita.

También deseo agradecer de todo corazón al **Obispo Ildefonso Caraballo**. Desde que nos conocimos, se formó entre nosotros un vínculo de amistad y aprecio profundo. Eres un faro de alegría cada vez que nos vemos. Gracias por tu amistad; siempre es apreciada y valorada.

A los pastores de la **Iglesia de Dios Mission Board Puerto Rico**, su apoyo, su acogida sincera y la motivación que me brindaron desde mi libro anterior, *El Precio del Llamado*, fueron combustible espiritual para continuar escribiendo. A veces, el respaldo no se mide en cantidad de palabras, sino en la profundidad del amor. Ustedes me abrazaron como familia espiritual, y ese abrazo me sostuvo. Gracias por animarme a seguir dando voz al mensaje que Dios puso en mi interior.

De manera muy especial, agradezco al **Obispo Axel Pérez**, quien coordinó mi primera visita a Puerto Rico y gestionó con generosidad mi estadía en el campamento de las Oficinas Estatales en Dorado. Asimismo, al **Obispo Melvyn Rodríguez**, quien organizó mi segunda visita y, junto a su familia, me abrió las puertas de su hogar con una hospitalidad y calidez que dejaron una huella en mi corazón.

Mi gratitud también va dirigida a los pastores **Arnaldo Colón** y **Mildred Vargas**, quienes, aunque no pertenecen al Mission Board, han sido para mí un lugar constante de apoyo. En cada visita a Puerto Rico, han hecho espacio para que yo pueda predicar, confiando en el mensaje de Dios en mí. Su fidelidad y apertura han sido un testimonio vivo del compañerismo genuino en el Reino.

Asimismo, agradezco profundamente a todos pastores de **Iglesia de Dios Mission Board Puerto Rico**, que me brindaron sus altares en mis visitas a la isla (son muchos), permitiendo que la Palabra de Dios corriera con libertad.

También extiendo un agradecimiento muy especial al **Presidente de Radio Esperanza, Roberto Cubero**, en **Lake Wales, Polk County, Florida (96.9 FM / 1280 AM)**. Desde que nos conocimos, se formó una bella amistad, y gracias a su confianza tuve el privilegio de compartir el mensaje del Evangelio a través de las ondas radiales. Su apertura y visión hicieron de ese espacio un canal poderoso de bendición, llegando a corazones más allá de lo que podemos ver. Gracias por creer en la Palabra y por permitir que también ahí se sembrara esperanza.

Finalmente, una mención muy especial al **Dr. Yattenciy Bonilla**, de SEMISUD. Aunque nuestra amistad es reciente, ha sido rica en propósito. En poco tiempo, Dios nos conectó más allá de lo académico, en una hermandad espiritual sincera. Gracias por tu sabiduría, tu humildad y por hablar con claridad cuando otros callan. Espero que esta relación siga siendo parte del crecimiento que ambos estamos viviendo en la obra del Señor.

A todos ustedes, gracias. Este libro lleva muchas huellas, no solo las mías. Que cada palabra escrita sea también un eco de sus aportes, sus oraciones y su amor. Que el Señor les recompense abundantemente por cada gesto, cada palabra y cada paso de fe compartido en mi caminar.

Acerca del Autor

Diego Colón-Batiz es un ministro con casi 30 años de experiencia en la formación de líderes, mentoría pastoral y enseñanza bíblica. Sirve actualmente como Director del Departamento de Educación de la Región Hispana Iglesia de Dios Florida, donde trabaja activamente en capacitar ministros para una iglesia relevante y espiritualmente despierta.

Es autor de *El Precio del Llamado: Lo que Significa Seguir a Cristo*, un libro que confronta al creyente con la realidad del sacrificio y la obediencia como fundamentos del discipulado. Con *El Ejército del Siglo 21: La Iglesia Armada para la Guerra Espiritual Moderna*, continúa esa línea de enseñanza al presentar un manual práctico de activación espiritual para una iglesia llamada a la batalla en tiempos de confusión y desafío.

A lo largo de su carrera, Diego ha combinado su experiencia pastoral con las lecciones aprendidas en su adiestramiento militar en Europa, durante la época de la Guerra Fría. Esa experiencia marcó su visión de orden, estrategia y preparación antes de entrar en cualquier batalla. Este trasfondo le da un enfoque único para presentar principios bíblicos con claridad y estructura, aplicados a la vida cristiana.

Fuera del púlpito, Diego encuentra su mayor alegría en su esposa e hijos, quienes son su mayor motivación para vivir lo que enseña. Su fe se refleja en lo cotidiano, donde el servicio, la oración y el testimonio comienzan en casa.

Made in the USA
Coppell, TX
20 February 2026

72022636R00122